Le droit des brevets

Connaissance du droit

collection fondée par

Jean-Luc Aubert

agrégé des Facultés de droit

dirigée par

Philippe Jestaz

professeur émérite à l'Université de Paris Val-de-Marne (Paris XII)

Le droit des brevets

2e édition
2005

Michel Vivant
professeur à l'Université de Montpellier

DALLOZ

DALLOZ

31-35, rue Froidevaux, 75685 Paris cedex 14

Introduction

Le droit des brevets est un droit jeune à l'échelle de l'humanité. Si les monarques de France, d'Angleterre... ou la République de Venise octroyaient déjà dans le passé des *Lettres Patentes,* il était rare qu'elles vinssent récompenser le mérite et, dépendantes du bon vouloir du souverain, n'étaient souvent que faveurs de sa part (ainsi Mme de Maintenon – qui n'avait rien d'un inventeur – reçoit de Louis XIV un monopole sur les fours et cheminées !). Réserve faite d'une loi vénitienne de la fin du xve siècle étonnamment moderne, il faut, en effet, attendre la révolution industrielle pour qu'un véritable droit des brevets voit le jour. C'est que l'innovation a pris dans les sociétés occidentales une place éminente qu'elle conservera jusqu'à nos jours. En France, ce sera, avec la Révolution, la loi fondatrice (à strictement parler un décret) des 31 décembre 1790 et 7 janvier 1791. On veut protéger le génie inventif que l'on accuse les siècles passés d'avoir ignoré. Très vite aussi, on voit dans le brevet un instrument de développement.

Cette conception perdurera jusqu'à aujourd'hui où le brevet est volontiers présenté, dans un langage qui fleure bon les années 1960, comme un instrument d'incitation à la recherche-développement. L'idée est que celui qui a investi dans la recherche (et ce peut être colossal) se voit garantir, par l'octroi du brevet, un *monopole d'exploitation* de son invention, normalement de vingt ans, qui, l'assurant d'échapper à la concurrence, lui permet non seulement de rentrer dans ses frais mais encore de tirer un juste profit de son investissement. Assurée d'un tel résultat, l'entreprise, indécise dans la définition de sa politique, n'hésitera pas à se lancer dans la recherche. Par ailleurs, tenue au moment de la prise du brevet de révéler son savoir (l'invention qu'elle entend faire breveter), elle apporte, par là même au fonds commun des connaissances… offrant ainsi à la recherche de nouvelles bases pour de nouvelles avancées.

La vérité oblige à dire, cependant, qu'aucune étude macroéconomique n'a vraiment démontré l'efficacité du brevet (les pays d'Afrique, par exemple, ont un droit des brevets et guère de recherche) ou du moins n'a démontré qu'il fût toujours efficace (les auteurs auraient plutôt tendance à insister sur son inégal intérêt selon les secteurs). Et, dans le plan microéconomique, si les entreprises sont en règle générale farouchement demandeuses de protection, il est des voix, venant de l'école hyperlibérale, pour discuter le bien fondé de ces pratiques.

Reste qu'on ne peut ignorer que des sociétés de l'importance de l'*Air Liquide* ou *Pechiney* sont nées de brevets pionniers, ni que *Polaroïd* réussit, en s'appuyant sur ses brevets, à faire retirer du marché l'intégralité des appareils à développement instantané *Kodak*. Nous aimons citer aussi ce contrat de licence des années 1970 portant sur un nouveau moteur dont le prix était de 50 millions de dollars payables *cash* ! Mais, pour citer des chiffres plus récents (2000), il faut faire état de ce que les revenus tirés des licences dépassent aujourd'hui aux États-Unis les 130 milliards de dollars par an. Le fait est que le brevet est un instrument majeur des économies développées contemporaines. Ce sont à l'heure actuelle près de 120000 demandes de brevet qui sont faites chaque année auprès de l'Office européen des brevets (contre environ 50000 il y a moins de dix ans). Et la « balance technologique » – rapport entre « achats » et « ventes » de titres, entre concessions de licence vers l'étranger ou à partir de l'étranger – est un bon indicateur de l'état d'une économie.

Prenons donc acte de cet état de fait. Nous définirons le brevet, avec la quasi-unanimité de la doctrine, comme un **droit de propriété portant sur l'invention**. C'est par facilité qu'on parle plus souvent de brevet que de droit de brevet et sans rigueur que le législateur lui-même parle de « propriété du brevet ». Soucieux d'exactitude, il faudrait parler du droit de brevet comme d'un droit de propriété ayant pour objet l'invention. Ainsi, *titulaire* du droit de brevet (du brevet), le breveté se retrouve *propriétaire* de l'invention. Il est investi sur elle des prérogatives qui sont normalement celles d'un propriétaire, simplement adaptées au fait que l'invention, avant de se concrétiser dans un produit sur le marché, est d'abord une idée, une « recette », quelque chose d'immatériel.

Il faudra préciser tout cela, mais après avoir examiné comment on peut obtenir un brevet. C'est ainsi qu'après quelques mots sur les sources, complexes, du droit des brevets (chap. I), nous nous pencherons tour à tour sur les deux premières questions qui s'imposent: un brevet pour quoi? Les conditions de brevetabilité (chap. II); un brevet pour qui? Le droit au brevet (chap. III) – naturellement complétées par un examen de la procédure d'obtention du brevet (chap. IV). Il faudra alors s'interroger sur ce vers quoi tend toute l'institution du brevet à savoir le contenu du droit de brevet (chap. V) et sur la défense de celui-ci à travers l'action en contrefaçon (chap. VI). Il restera à voir comment la valeur que représente le brevet peut être « mobilisée » à travers tout un jeu de contrats (chap. VII).

Lire aussi

Pour une initiation originale aux propriétés intellectuelles et à leur esprit

- *Les créations immatérielles et le droit* par l'Équipe de recherche créations immatérielles et droit (ERCIM), sous la direction de M. Vivant, Ellipses, 1997

Et pour une vision générale de la matière, toujours par l'ERCIM

- Les *Grands arrêts de la propriété intellectuelle*, également sous la direction de M. Vivant, Dalloz, 2003

Chapitre I

Les sources du droit des brevets

Le droit des brevets n'a pas la complexité qu'on veut souvent lui prêter et nous aimerions que les pages qui suivent en soient la démonstration. En revanche, le panorama des sources de ce droit est complexe car ces sources sont multiples, enchevêtrées.

Le seul droit national recèle plusieurs lois successives, sans parler des réformes ponctuelles, au point qu'il a pu y avoir dans le même temps trois lois en vigueur dont l'application *in concreto* dépendait de la date de demande du brevet considéré.

Mais à ce droit national s'ajoutent dispositions de droit international – dont la première date déjà de 1883 – elles-mêmes liées de manière complexe et dispositions variées de droit communautaire.

Le droit communautaire a d'ailleurs fait une irruption inattendue dans le champ du droit des brevets et plus largement des propriétés intellectuelles par le fait de la Cour de justice des Communautés, ce qui souligne s'il en était besoin qu'on ne saurait, à évoquer les sources, se borner à la loi écrite mais qu'il ne faut pas oublier l'important travail de la jurisprudence, communautaire donc, nationale aussi évidemment. Mais ce serait encore donner une vision trop étroite des choses que de s'en tenir à la jurisprudence car il est d'autres « autorités », qui sont appelées à intervenir et d'une certaine manière à « faire le droit », qui sont, au premier chef, les offices des brevets tels que l'Institut national de la propriété industrielle (INPI) en France ou l'Office européen des brevets (OEB) qui siège à Munich.

Ainsi donc nous examinerons tant les sources écrites (section 1) que les « autorités » intervenant dans l'édiction du droit en matière de brevet (section 2).

Section 1
Le droit écrit

Il paraît normal d'envisager d'abord la norme nationale, ce que nous ferons (I). Mais si, comme l'écrivait dans le passé Marcel Plaisant, « la vocation du droit du créateur ou de l'inventeur est d'être internationale », si le champ international est le champ « naturel » d'expansion d'une propriété qu'on imagine mal bordée par les frontières, le droit international ou, pour utiliser une formule qui permette d'englober le droit communautaire dont on verra qu'il est lié au précédent, le droit « transnational » doit recevoir une attention toute particulière (II).

I - Le droit national

À laisser de côté notre première loi sur les brevets de 1791 puis la grande loi de 1844 qui régit la matière pendant plus d'un siècle, ce sont encore deux lois qui se sont succédé à l'époque récente : loi n° 68-1 du 2 janvier 1968 et loi n° 78-742 du 13 juillet 1978 venue réformer la première mais applicable seulement aux brevets délivrés à compter du 1er juillet 1979. Ainsi, sachant que la durée normale d'un brevet est de vingt ans (v. chap. V), pendant un temps, ce furent même trois lois qui coexistèrent dont l'application distributive dépendait de la date à laquelle la demande de brevet avait été formée ; par exemple loi de 1844 pour une demande datant de 1965, loi de 1968 pour une demande de 1975 et loi de 1978 pour une demande de 1980 ! La loi de 1978 fut à son tour plusieurs fois remaniée, notamment en 1984 et 1990. Elle fit, enfin, l'objet d'une codification dite « à droit constant », c'est-à-dire sans modification de fond, pour devenir avec la loi n° 92-597 du 1er juillet 1992 une composante du tout nouveau Code de la propriété intellectuelle.

Un décret n° 95-385 du 10 avril 1995 vint compléter le nouvel édifice en réalisant cette même codification à droit constant pour la partie réglementaire de la matière.

Le **Code de la propriété intellectuelle** est ainsi désormais la source même, et unifiée, du droit des brevets (comme plus largement du droit des propriétés intellectuelles). Mais, claire manifestation que les lois ne sont plus gravées dans le marbre, ce Code a déjà été lui-même plusieurs fois amendé et ne saurait manquer de l'être encore. Par ailleurs, en dépit de sa volonté unificatrice, il ne regroupe pas la totalité des textes intéressant la propriété intellectuelle et il faut encore aller chercher en dehors de lui tel ou tel arrêté. Il faut, pour disposer de ce tout, se référer aux codes publiés par des éditeurs privés (*Dalloz*, sous la responsabilité du professeur Bonet; *Litec,* par le signataire de ces lignes).

Cela dit, il est juste de noter qu'un des motifs de cette instabilité tient au fait que le législateur national doit souvent s'aligner sur des règles d'origine internationale.

II - Le droit « transnational »

Les droits de propriété industrielle ont eu à l'origine un caractère strictement national, voire nationaliste, au point que, par exemple, dans certains systèmes archaïques, le national qui avait pris un brevet à l'étranger se voyait privé du droit d'obtenir un titre dans son propre pays. Cela est du passé. Mais la matière reste largement dominée par le **principe de territorialité** qui veut que le brevet français relève du seul droit français (comme le brevet allemand du seul droit allemand). La Convention d'union de Paris (qu'on va rencontrer ci-après) vient même affirmer que « les brevets demandés dans les différents pays de l'Union (sont) indépendants des brevets obtenus pour la même invention dans les autres pays, adhérents ou non à l'Union » (Conv. de Paris, art. 4 *bis* 1°).

La **dimension** « naturellement » **internationale** de la matière sur laquelle nous avons déjà mis l'accent, interdit toutefois de s'en tenir là. Les systèmes de droit nationaux ne peuvent s'ignorer et c'est ainsi que, très tôt, la nécessité d'une harmonisation se fit sentir. En un siècle (un peu plus d'un siècle), tout un droit international s'est de la sorte développé (A). Mais, depuis lors, la construction européenne est venue enrichir et/ou compliquer (comme on voudra) la problématique (B).

A - Le droit international

Ce droit international *stricto sensu* est double. C'est, d'abord, un droit conçu spécifiquement pour la propriété industrielle, droit « classique » en quelque sorte, qui gravite autour de la convention première que fut la Convention de Paris de 1883 (1), c'est ensuite, plus récemment, un droit *a priori* ayant de toutes autres visées puisque venu se greffer sur ce qui est aujourd'hui l'OMC (2).

1 - Le droit conventionnel « classique »

Ce droit est lui-même double: droit formulé par la Convention de Paris (a), droit trouvant appui sur celle-ci (b).

a. La Convention d'Union de Paris

La « **Convention d'Union pour la protection de la propriété industrielle** » signée à Paris le 20 mars 1883 et depuis lors maintes fois révisée intéresse évidemment, comme il résulte de son titre, le droit des brevets (dans le même temps qu'elle concerne aussi la répression de la concurrence déloyale ou le droit des marques). Ouverte à l'adhésion de nouveaux membres, elle en compte aujourd'hui autour de 170.

La Convention de Paris n'unifie pas les systèmes de droit nationaux mais assure entre ceux-ci une certaine coordination. Le « droit de priorité unioniste » qu'on rencontrera ultérieurement (chap. II, section 2, I) en est un bon exemple, puisqu'il permet à qui a fait une demande de brevet dans un pays de l'Union d'en faire de nouvelles dans les autres pays dans des conditions de sécurité optimale (art. 4). Cela relève du « traitement unioniste » que la convention assure à ses bénéficiaires: ressortissants des États membres et « assimilés », c'est-à-dire individus disposant d'un domicile ou d'un établissement industriel effectif et sérieux dans l'un de ces États (art. 2 et s.).

Mais une autre règle importante issue de la convention est celle du « *traitement national* », autrement dit l'obligation pour les États de traiter les ressortissants des autres membres comme leurs propres ressortissants: « Les ressortissants de chacun des pays de l'Union jouiront dans tous les autres pays de l'Union, en ce qui concerne la protection de la propriété industrielle, des avantages que les lois respectives accordent actuellement ou accorderont par la suite aux nationaux, le tout sans préjudice des droits spécialement prévus par la présente convention. En conséquence, ils auront la même protection que ceux-ci et le même recours légal contre toute atteinte portée à leurs droits, sous réserve de l'accomplissement des conditions et formalités imposées aux nationaux » (art. 2.1°).

b. Les arrangements particuliers

La Convention de Paris est fondatrice mais elle ne prétend pas à l'exclusivité. Elle réserve la faculté pour ses membres « de prendre séparément, entre eux, des arrangements particuliers », cela du moins « en tant que ces arrangements ne contreviendraient pas aux dispositions [qui sont les siennes] » (art. 19). Faculté dont il a été largement usé.

Ont ainsi été adoptés des **arrangements à vocation universelle**: une convention de classification et deux traités qu'on a qualifiés de « traités de formalités ».

— La première convention est l'Arrangement de Strasbourg du 24 mars 1971 « concernant la classification internationale des brevets » qui a pour but de faire adopter aux États signataires une classification administrative (art. 4) commune (art. 1er).

— C'est ensuite le traité de coopération en matière de brevets (usuellement abrégé en PCT à partir de son appellation anglaise:

Patent Cooperation Treaty) signé à Washington le 19 juin 1970 qui permet le dépôt et le traitement de demandes internationales, selon une procédure unique, auprès d'offices régionaux réputés mieux armés que les petits offices, demandes produisant les effets d'une demande nationale dans chacun des États contractants désignés. En l'état actuel des choses (car il est des projets pour modifier substantiellement le PCT), ces demandes sont soumises à une recherche internationale aboutissant à un rapport de recherche et peuvent faire l'objet, si le demandeur le souhaite, d'un examen préliminaire international qui, à la différence de la simple recherche, débouche sur un avis sur la brevetabilité formulé par l'office chargé de cet examen.

— C'est enfin, à objet bien particulier, le traité de Budapest du 28 avril 1977 « sur la reconnaissance internationale du dépôt de micro-organismes aux fins de procédure en matière de brevets ».

D'autres arrangements sont des **arrangements à caractère régional**. Pour rester sur le continent européen, on en citera trois.

— C'est d'abord la Convention de Strasbourg du 27 novembre 1963 « sur l'unification de certains éléments du droit des brevets d'invention » qui a, certes, été ratifiée par un faible nombre d'États mais a, de fait, fortement inspiré les droits nationaux, comme on peut simplement en juger en rapprochant l'article 1er (*in limine*) de cette convention de ce qu'est le droit positif (qu'on trouvera présenté au chap. II): « Dans les États contractants, des brevets seront accordés pour toute invention qui est susceptible d'applications industrielles, est nouvelle et implique une activité inventive. Une invention qui ne répond pas à ces conditions ne peut faire l'objet d'un brevet valable ».

— C'est ensuite la Convention de Munich du 5 octobre 1973 « sur la délivrance de brevets européens » qui met en place une procédure unique de demande (auprès d'un Office européen des brevets installé à Munich) tendant à déboucher sur la délivrance de brevets *nationaux,* mais aussi, pour ce faire, des règles communes de brevetabilité qui s'appliquent évidemment dans la procédure européenne mais ont eu aussi un « effet d'entraînement » sur les droits nationaux.

Elle constitue un élément important du droit positif et dans l'analyse du droit de brevet nous ferons donc souvent référence à ses dispositions comme à celles du Code français.

— Enfin, la Convention de Luxembourg du 15 décembre 1975 « relative au brevet européen pour le Marché commun » dite Convention sur le brevet communautaire fut conçue pour venir se greffer sur la précédente. Elle prétendait mettre en place un titre communautaire unique mais quarante ans après son adoption n'est toujours pas entrée en vigueur. Et c'est par un autre canal – celui du règlement comme la Commission en a fait la proposition – qu'il faut attendre aujourd'hui l'instauration d'un brevet communautaire. Mais, ce faisant, nous basculons vers le droit communautaire. Nous reviendrons dessus (B).

2 - Le droit issu de l'OMC

Les États-Unis ayant pris conscience de l'importance économique considérable des propriétés intellectuelles (et point seulement du brevet mais aussi du droit d'auteur devenu essentiel dans les industries nouvelles de l'information), celles-ci furent propulsées dans la grande négociation du GATT, la justification juridique de ce rattachement ayant été trouvée dans le fait que ces droits pouvaient par eux-mêmes ou en partie « toucher le commerce ». Ce fut l'« Accord relatif aux aspects des droits de propriété intellectuelle qui touchent au commerce y compris le commerce des marchandises de contrefaçon » – ADPIC – finalement signé à Marrakech le 15 avril 1994 (souvent désigné suivant son abréviation anglaise comme Accord TRIPS).

Aujourd'hui, le GATT a vécu et l'Organisation mondiale du commerce a pris le relais. Mais il n'importe puisque ces accords, précisément annexés à l'acte fondateur de l'OMC, sont toujours là. En réalité, en matière de brevet, ils n'impliquèrent guère de changements pour des pays développés comme la France. Ils marquent surtout sur la scène internationale une réelle mainmise des États-Unis qui ont fait de l'adoption de cet accord un enjeu majeur et entendent bien en user. Ils ont aussi pour trait singulier d'être signés par l'immense majorité des États existants, c'est-à-dire par bien plus d'États que ne le sont les conventions spécialisées, du brevet au droit d'auteur.

B - Le droit communautaire

Ce droit communautaire n'est pas homogène. C'est bien sûr d'abord un droit spécifiquement conçu pour la matière mais c'est aussi le droit « commun » communautaire en tant qu'il peut interférer avec celle-ci.

Droit spécifiquement conçu pour la matière: c'est bien sûr, en tout premier lieu, la Convention dite sur le brevet communautaire de 1975 dont il a été question dans les pages précédentes à laquelle on songe. Mais on sait qu'elle est restée lettre morte. Et les autorités communautaires ont choisi la voie du règlement pour enfin mettre en place ce titre unique attendu de longue date. Au jour où ces lignes sont écrites, il ne s'agit encore que de projet et celui-ci achoppe sur les difficultés auxquelles s'était heurtée la Convention de 1975: la question de la compétence juridictionnelle et celle des langues, bien qu'on semble aujourd'hui s'acheminer vers l'élection de l'anglais comme langue unique. Le brevet communautaire va bien finir par voir le jour!

Mais le droit communautaire, ce sont encore en notre domaine de nombreux règlements: sur les titres eux-mêmes (ainsi du règlement n° 1768-92 du 18 juin 1992 sur la création d'un certificat complémentaire de protection pour les médicaments) mais plus encore sur l'activité de recherche (règlement n° 2659-2000 du 29 novembre 2000 relatif « à des catégories d'accords de recherche et de développement ») et les contrats (aujourd'hui règlement n° 772-2004 du 27 avril 2004 relatif « à des catégories d'accords de transfert de technologie », venu remplacer un règlement de 1996 qui s'était lui-même substitué à des règlements plus « pointus » sur la licence de brevet et la licence de savoir-faire).

Droit « commun » communautaire: il s'agit, au premier chef, du traité de Rome lui-même ! Sans doute, celui-ci ne semble pas *a priori* devoir avoir d'incidence sur le droit de brevet, surtout si l'on s'attache à son article 295 (version consolidée) qui dispose: « Le présent traité ne préjuge en rien le régime de la propriété dans les États membres. » L'article 30 (ancien article 36) peut encore être interprété de semblable manière. Pourtant, la Cour de justice, de par l'approche téléologique qui est la sienne, est venue bouleverser cette lecture et par là même le brevet (et, de fait, plus largement la propriété intellectuelle). Nous aurons l'occasion de revenir là-dessus (notamment chap. V, section 2, et chap. VI, section 1).

Il faut enfin citer, bien que non spécialement conçue pour notre matière, la Convention de Bruxelles du 27 septembre 1968 « concernant la compétence judiciaire et l'exécution des décisions en matière civile et commerciale » et désormais le règlement du 22 décembre 2000, venu s'y substituer et substantiellement équivalent à la convention d'origine, qui, l'un et l'autre, viennent imposer un décloisonnement du contentieux là où une tradition frileuse réserve au juge national la compétence sur les litiges relatifs aux brevets nationaux (v. ci-après section 2).

Section 2

Les « autorités » en matière de brevet

Nous avons choisi de parler d'autorités car, à côté du juge qui traditionnellement dit le droit, il est en matière de brevets des administrations dont le poids est important. Il faut donc envisager les autorités administratives (I) avant d'en venir aux autorités judiciaires (II).

I - Les autorités administratives

Il est des autorités internationales soit *stricto sensu* soit « par dédoublement fonctionnel. ». Au sens strict, il s'agit de l'Organisation mondiale de la propriété intellectuelle (OMPI) qui trouve une origine lointaine dans le « Bureau international » créé par la Convention de Paris de 1883 (v. *supra*). Celle-ci a surtout une fonction administrative (administration des traités qu'elle a en charge) et « politique » en tant qu'elle a ou peut avoir un rôle d'impulsion ou d'incitation quand il semble nécessaire de faire évoluer le droit.

Les autorités internationales « par dédoublement fonctionnel » ne sont autres que des institutions nationales, normalement des offices nationaux, qui, par option de certains traités – PCT et traité de Budapest (précités section 1) –, se sont vues reconnaître des compétences internationales: tel office national sera chargé par exemple d'une recherche internationale.

Un pouvoir directement créateur de droit est, cependant, plutôt à chercher du côté des autorités nationales et européennes.

C'est l'Institut national de la propriété industrielle (INPI) qui est l'autorité nationale française qui a en charge l'administration des brevets. Doté de la personnalité juridique et de l'autonomie financière, l'INPI est un établissement public administratif qui a à sa tête un directeur général et un conseil d'administration. L'INPI a toutes sortes de fonction, de la préparation des projets de lois (pour laquelle il est assisté par un « Conseil supérieur de la propriété industrielle ») à leur mise en œuvre, en passant par une mission d'information du public. C'est son directeur qui délivre les brevets et peut donc les rejeter, ce en quoi il « façonne » le droit. Il en va de même quand, ayant constaté la déchéance d'un brevet, il décide d'en accorder la restauration (v. *infra,* chap. V, section 2, I). D'ailleurs, il est remarquable que les décisions de ce directeur soient justiciables d'un recours devant les cours d'appel compétentes (art. L. 411-4 CPI).

L'autorité européenne parallèle est l'Office européen des brevets (OEB) installé à Munich. Comme l'INPI, cet office a diverses fonctions dont la première est évidemment de délivrer, au terme d'une procédure unique, des brevets pour les pays européens membres désignés dans la demande. Mais l'Office européen peut aussi, par exemple, fournir des avis techniques et, surtout, du point de vue qui nous occupe, il va développer une véritable

« jurisprudence » (encore qu'en toute rigueur le mot ne convienne pas) à travers les décisions de ses divisions (d'examen et, pour l'une, juridique), de ses chambres de recours et enfin de sa Grande chambre de recours. C'est, par exemple, l'OEB qui a élaboré – bien ou mal – la notion d'invention comme création d'ordre technique (v. chap. II, section 1).

II - Les autorités judiciaires

La jurisprudence est-elle source de droit ? Ce n'est pas le lieu d'en débattre ici. Le fait est que le droit de brevet vu au prisme de la jurisprudence n'est plus tout à fait celui que suggérait la simple lecture des textes.

Il y a peu de choses à dire pour ce qui est des **juridictions nationales**, si ce n'est que, dans le souci de concentrer un contentieux réputé difficile, le législateur a choisi d'attribuer la compétence pour tout le contentieux « né de la loi » à dix tribunaux (Bordeaux, Lille, Limoges, Lyon, Marseille, Nancy, Paris, Rennes, Strasbourg et Toulouse) et dix cours (Aix-en-Provence, Bordeaux, Colmar, Douai, Limoges, Lyon, Nancy, Paris, Rennes et Toulouse) spécialement désignés (v. art. L. 615-17, R. 631-1 CPI et R. 312-2 C. org. jud.). Ce contentieux né de la loi est, et n'est que, celui qui met spécifiquement en cause la technique des brevets.

On a déjà signalé que, dans l'ordre international, l'idée domine qu'une juridiction d'un pays peut seule connaître des litiges relatifs à un brevet de ce pays (observation, soit dit en passant, qui ne vaut plus quand le contentieux est d'ordre contractuel). On pourrait la discuter. Nous rappellerons simplement que, dans le contexte communautaire avec les textes qui lui sont propres (*cf. supra,* section 1, II, B), et, au-delà, européen (UE et AELE) avec la Convention de Lugano du 16 septembre 1988, convention sœur de celle de Bruxelles (sus-évoquée), cette réserve de compétence nationale ne vaut plus. La « *juridiction* » sur un brevet français pourra donc être le fait d'un juge allemand ou belge.

Droit communautaire pour droit communautaire, la Cour de justice des Communautés tient en notre matière un rôle majeur. Elle n'est certes pas juge des brevets (encore qu'elle ait vocation à devenir juge du brevet communautaire) mais son intervention, en termes de droit communautaire général, a été telle que le droit des brevets et plus largement de la propriété intellectuelle a été, de son fait, fortement bousculé (v. notamment chap. V, section 2, et chap. VI, section 1).

Reste à signaler que *l'arbitrage* a fait dans le passé l'objet de vifs débats : devait-il ou non être accueilli en matière de brevets ? Pour couper court à d'inutiles discussions, le législateur est venu apporter en termes exprès la réponse de bon sens qui s'imposait. L'article L. 615-17 (qui attribue compétence à certaines juridictions : v. ci-dessus) dit aujourd'hui en son alinéa 3 : « Les dispositions qui précèdent ne font pas obstacle au recours à l'arbitrage, dans les conditions prévues aux articles 2059 et 2060 du Code civil. » Autrement dit, si une question qui intéresse l'ordre public – comme une annulation de brevet dont l'effet vaut *erga omnes* – ne peut vraisemblablement pas faire l'objet d'un arbitrage (mais on en discute), il en va tout autrement d'une question qui ne met pas en jeu l'ordre public.

Lire aussi

Sur ces thèmes

- Bodenhausen, *Guide d'application de la Convention de Paris…*, BIRPI, 1969
- Boutillon I., « Le Traité de coopération en matière de brevets (PCT) », *J.-Cl. Brevets*, fasc. 4482 (2004)
- Braendli P., « Le système du brevet européen et sa contribution à la coopération européenne », *Mélanges Mathély,* Litec, 1990, p. 81
- Gruszow L., *L'accès au brevet européen par la voie internationale/Euro-PCT*, Litec, 2002

- Gruszow L. et Remiche B., *La protection des inventions* (*PCT – CBE – CBC*), Bruxelles, Larcier, 1978
- Mathély P., « Le droit européen des brevets d'invention », *Journal notaires*, 1978; « Droit unioniste des brevets d'invention », *J.-Cl. Brevets*, fasc. 4910, 2001
- Panel F., *La protection des inventions en droit européen des brevets,* Litec, 1977
- Plasseraud Y. et Savignon F., *Paris 1883, Genèse du droit unioniste des brevets,* Litec, 1983
- Vivant M., *Juge et loi du brevet,* Litec, 1977; « Régime international », *J.-Cl. Brevets,* fasc. 4900, 2002; et plus spécial: « Cherche litige non arbitrable laborieusement », *Revue Lamy Droit des affaires* 2004, n° 72 (juin), p. 5.

Lire encore puisque la doctrine est également une source

- Azéma J., « Brevets d'invention », *in Lamy Commercial,* rééd. annuelle
- Bertrand A., *Marques et brevets,* Delmas, 1995
- Chavanne A. et Burst J.-J., *Droit de la propriété industrielle,* Dalloz, 5e éd., 1998
- Foyer J. et Vivant M., *Le droit des brevets,* PUF, 1991
- Mathély P., « Le droit des brevets d'invention », *Journal des notaires*, 2e éd., 1992
- Mousseron J. M., *Traité des brevets,* Litec, tome 1, 1983
- Pollaud-Dulian F., *Droit de la propriété industrielle,* Montchrestien, 1999
- Schmidt-Szalewski J. et Pierre J.-L., *Droit de la propriété industrielle,* Litec, 3e éd., 2003

Et les revues

- *Annales de la propriété industrielle (Ann. prop. ind.); Dossiers Brevets; Propriété industrielle; Propriété industrielle Bulletin documentaire* (PIBD) (édité par l'INPI)*; Propriétés intellectuelles; Revue du droit de la propriété industrielle; Revue du droit de l'immatériel*

Chapitre II

Un brevet pour quoi ? Les conditions de brevetabilité

Les brevets dont nous parlons sont des brevets *d'invention.* Il ne suffit pas cependant qu'il y ait invention pour qu'il puisse y avoir brevet… même si la première exigence est bien sûr qu'il y ait invention. Le brevet, qui n'est plus octroyé selon le bon vouloir du Prince (*cf.* Introduction), est reconnu à celui qui en fait la demande (v. chap. III et IV) dès l'instant où sont satisfaites certaines exigences légales, ce que l'on nomme les conditions de brevetabilité (et non de « brevetage » comme disent parfois les scientifiques). Il est d'usage chez les spécialistes de la matière d'opposer conditions positives et conditions négatives car, lors même qu'un brevet devrait pouvoir être délivré, il peut encore ne pas l'être si l'invention pour laquelle le brevet est demandé appartient à une catégorie exclue de la brevetabilité. Plus simplement, nous examinerons ces diverses conditions de brevetabilité de manière linéaire, les exclusions de brevetabilité par quoi nous finirons cet examen n'étant rien d'autre que les conditions négatives que nous venons d'évoquer.

Dès l'instant où l'Office européen des brevets a choisi de traiter le fait qu'il faut d'abord une invention pour qu'il y ait brevet, comme une condition comme une autre (alors qu'en logique, l'invention est l'objet auquel s'applique tel ou tel caractère requis), nous examinerons tour à tour cinq « conditions » de brevetabilité. Nous verrons d'abord ce que signifie, au-delà des évidences, l'exigence selon laquelle il doit y avoir invention (section 1). Puis nous verrons que cette invention doit être nouvelle (section 2), présenter une « activité inventive » (section 3) et être susceptible d'application industrielle (section 4). Il restera à considérer ce que sont les exclusions de brevetabilité dont nous avons parlé plus haut (section 5). Sans omettre de dire un mot de l'action en annulation qui est là pour sanctionner le non-respect de ces exigences légales (section 6).

Section 1
Une invention

Exigence de bon sens : il faut pour prétendre avoir un brevet pouvoir faire état d'une invention. Mais il est de cette idée comme de toutes les évidences (ou de ce qui passe pour tel), elle n'est simple que jusqu'à l'instant où on la soumet à la critique. À bien réfléchir, tout peut, en effet, être dit invention : *invention* a pour contraire *imitation* et tout dans l'activité humaine participe de l'une et de l'autre ; au registre des inventions : invention de la Vraie Croix, invention du poète ou d'un art nouveau… L'invention « industrielle » n'est qu'une parmi d'autres. Or de celle-ci il n'est pas de définition. En France, seul le décret des 31 décembre 1790 et 7 janvier 1791 se risqua à la définir comme « tout moyen d'ajouter à quelque fabrication que ce puisse être un nouveau genre de perfection ». Mais on conviendra que la formule est bien compréhensive… Aujourd'hui, que ce soit en France ou à l'échelle européenne (dans la Convention dite sur le brevet européen : CBE), l'invention n'est appréhendée que de manière toute négative. Il est dit tant à l'article L. 611-10 du Code français qu'à l'article 52 CBE *ce que n'est pas* une invention.

Nous citerons ici le point 2 de l'article L. 611-10 CPI (sachant que le texte européen ne dit pas autre chose)

« Ne sont pas considérées comme des inventions […] notamment :

a) les découvertes ainsi que les théories scientifiques et les méthodes mathématiques ;

b) les créations esthétiques ;

c) les plans, principes et méthodes dans l'exercice d'activités intellectuelles, en matière de jeu ou dans le domaine des activités économiques, ainsi que les programmes d'ordinateur;

d) les présentations d'informations. »

L'invention n'est pas... Ce texte appelle une lecture analytique (I) comme une compréhension synthétique (II) avant une délimitation de la portée de l'exigence dont on ne peut faire l'économie (III).

I - Lecture analytique

L'invention n'est pas... L'invention n'est pas **découverte, théorie scientifique** ou **méthode mathématique**. C'est que l'invention, au sens du droit des brevets, doit appartenir au monde des *réalisations* et non à celui des *abstractions*.

Le brevet récompense l'apport technique et non point l'apport scientifique. La règle est quasiment universelle et, pour lui donner un tour concret, on signalera cette décision souvent citée de la Cour de cassation suivant laquelle la mention dans une demande de brevet de l'idée d'améliorer l'acoustique d'une salle par l'utilisation de panneaux en toile d'amiante sans autre indication doit être considérée comme concernant une découverte non brevetable comme « portant sur un principe purement théorique » (Cass. com. 31 mars 1954, *Ann. prop. ind.* 1954, 266).

L'invention n'est pas non plus **création esthétique**. C'est qu'ici, pour faire simple (trop simple en vérité), on est sorti de l'univers de la technique pour entrer dans celui du Beau. Il faudra alors songer au droit d'auteur ou au droit des dessins et modèles. Toutefois, s'il n'y a plus aujourd'hui, comme dans le passé, de texte pour imposer le recours au seul brevet quand les deux facettes de la création sont inséparables (v. ancien article L. 511-3), il demeure admis que l'on ne peut tenter d'échapper aux règles contraignantes de celui-ci par le détour de mécanismes plus accueillants; encore faut-il, bien sûr, que l'objet en question satisfasse à toutes les conditions de brevetabilité, ce qui, si tel n'est pas le cas, peut le précipiter dans la non-protection

L'invention n'est pas non plus **plan, principe, méthode**... (v. texte ci-dessus). On retrouve l'idée que le brevet n'est pas fait pour des créations abstraites ou, du moins, qui n'ont pas de traduction technique. C'est ainsi qu'ont été jugées non brevetables une méthode d'alimentation en groupe d'animaux domestiques ou la règle d'un nouveau jeu.

Les **programmes d'ordinateur** sont cités dans le même mouvement. Il n'est pas certain qu'ils se situent pourtant exactement dans le même plan. Avant que la loi de 1968 vînt les exclure, on s'accordait à penser que les programmes pourraient selon les cas présenter ou non le caractère industriel qui était alors spécifiquement requis et donc, selon les cas, être *a priori* brevetables ou non. Les textes en vigueur doivent être lus comme refusant *d'autorité* aux programmes quels qu'ils soient la qualification d'invention et interdisant donc toute prise de brevet les concernant. Cela dit, il ne faut pas être dupe : les « brevets de logiciel » se sont dans les faits multipliés (en particulier à Munich) et, si, pour ce faire, il suffisait, dans un premier temps, de ne pas demander le brevet pour le programme mais pour une invention autrement définie faisant appel à un programme, aujourd'hui l'Office européen considère que, si le programme est exclu comme n'étant pas technique, il doit être breveté... pour autant qu'il s'avère technique (là-dessus, v. encore III) ! Et la position est en passe d'être officialisée par une directive communautaire en cours d'élaboration.

Enfin, dans la même veine que la disposition sur les méthodes, l'invention ne saurait être une simple **présentation d'informations**. À dire vrai, la formule est vague. On a parlé, à son propos, d'un cas particulier de méthodes s'adressant à l'intelligence.

II - Lecture synthétique

De ce qui précède peut être déduite une certaine idée de ce que le droit, du moins français et européen, entend par invention. C'est quelque chose qui va au-delà de l'abstraction (*cf.* par exemple, Paris 13 décembre 1990, *Ann. prop. ind.* 1991, 35 : « Le demandeur ne s'est pas arrêté au stade de l'abstraction… »). C'est plus précisément toute **création technique**. Sans doute, l'insertion des programmes d'ordinateur dans la liste des « non-inventions » vient bousculer la belle harmonie du tout (car, sauf à considérer que le programme n'est jamais rien d'autre qu'une écriture, on peut certainement juger qu'il est des programmes à caractère technique). Mais c'est pourtant l'interprétation qui s'est imposée comme traduisant le mieux l'esprit du texte considéré globalement. C'est ainsi que l'OEB a été conduit à dire qu'il fallait comprendre le mot invention « comme recouvrant un élément […] devant avoir un caractère technique et donc être en principe susceptible d'application industrielle pour être brevetable » (Ch. des recours techniques 19 mars 1992). Reste que cette « technique »-là est manifestement éloignée de la technique mécanique qui présida au XVIIIe à la naissance du brevet…

Entre l'informatique et les biotechnologies, il n'est pas certain que les meilleurs examinateurs des divers offices de brevets eux-mêmes sachent exactement ce qui est technique…

De manière plus élaborée, il a été proposé en doctrine, en s'attachant au caractère « opératoire » de l'invention, de dire qu'il y a invention dès lors qu'un processus intellectuel, quel qu'il soit (car peu importe la démarche), permet d'aboutir à une innovation prenant appui sur des connaissances issues des sciences dures (cela pour respecter une certaine tradition), et ce éventuellement sans considérer la nature de l'effet produit (cette fois-ci pour tenir compte des nouveaux champs de l'innovation contemporaine) (M. Vivant et J.-M. Bruguière, notamment *in* « Réinventer l'invention ? », *Prop. intell.* 2003, n° 8, p. 286).

On ajoutera que, pour autant qu'une invention est reconnue comme telle, les vieilles distinctions – qui traînent parfois encore dans les manuels – entre inventions « de produit », « de procédé », d'« application » (utilisation de moyens connus pour atteindre un résultat connu ou non mais dans un rapport nouveau), « de combinaison »… n'ont plus de raison d'être (à ce stade car l'opposition entre produit et procédé se retrouve dans la définition des actes de contrefaçon voir *infra,* chap. VI). Les formes comme les voies de l'invention peuvent être diverses. Il y a invention pour autant que la création considérée présente un caractère technique.

III - Portée de l'exigence

Il faut donc une invention et une invention est chose technique.

Les textes, français comme européen, prennent, toutefois, soin de préciser que l'exigence posée n'exclut la prise de brevet « que dans la mesure où la demande de brevet ou le brevet ne concerne que l'un de ces éléments [susvisés] considéré en tant que tel » (art. L. 611-10.3 CPI ; et semblablement art. 52 (3) CBE). Autrement dit, un brevet pourrait parfaitement être obtenu, par exemple, pour une invention qui présenterait une dimension esthétique ou qui ferait appel pour sa réalisation à un programme d'ordinateur. Un arrêt *Schlumberger* fit une application remarquée de cette règle en jugeant brevetable un procédé, destiné à déceler le caractère pétrolifère de terrains, qui faisait appel à un programme mais non réductible selon l'arrêt audit programme (Paris 15 juin 1981, *Ann. prop. ind.* 1982, 24, note Mathély, *Dossiers Brevets* 1981, III, 1 ; v. aussi dans le même sens OEB, Ch. des recours techniques, 15 juillet 1986, *JCP E*, 1987, II, 14916, note Mousseron et Vivant).

L'exigence d'invention devrait aussi, selon nous, avoir une autre incidence : s'il faut une invention pour qu'un brevet puisse être délivré, c'est en effet dire que la portée du brevet reconnu ne peut aller au-delà de l'invention faite. C'est sans doute une affirmation sans grande conséquence dans le plus grand nombre des cas tant le propos est de simple bon sens. Mais lorsque l'invention réside dans la mise en lumière d'un résultat (par exemple passé jusque-là inaperçu), il ne saurait être question pour l'inventeur d'exiger davantage et cela n'est pas sans incidence. C'est ainsi que Roubier enseignait déjà que « celui qui découvre le premier un produit naturel ne saurait s'en réserver par la voie du brevet, le monopole d'exploitation mais (que) s'il a découvert une utilisation industrielle de ce produit, il peut, au contraire, réclamer un brevet *pour cette application* » (v. là-dessus M. Vivant et J.-M. Bruguière, art. précité). Il ne faut certainement pas comprendre autrement l'indication figurant dans le nouvel article L. 611-18 CPI (introduit en 2004) selon laquelle la protection accordée à un « élément du corps humain » (et notamment une séquence génétique) qui suppose qu'une application technique soit identifiée, « ne couvre l'élément du corps humain que dans la mesure nécessaire à la réalisation et à l'exploitation de cette application particulière ».

Section 2
Une invention nouvelle

Il faut encore que l'invention, telle que définie (fût-ce par la négative), soit nouvelle. Cela peut passer pour une évidence. Pourtant, voici peu encore, des droits comme les droits allemand ou anglais connaissaient, selon des modalités différentes, une sorte de « droit à l'oubli »: en d'autres termes, à certaines conditions, réinventer équivalait alors à inventer. Le système présent, dit de la « **nouveauté absolue** » fait, au contraire, que les antériorités susceptibles d'interdire la prise d'un brevet peuvent être recherchées en tous temps et en tous lieux. De fait, on a pu voir reconnaître une antériorité dans l'exposition dans un musée d'un objet de l'époque romaine et le PCT parle de ce qui a été rendu accessible « en tous lieux du monde » (règle 64.1).

Cela dit, il faut, au-delà de ces observations générales, s'interroger sur la notion de nouveauté telle qu'elle apparaît dans les textes (I) et sur l'appréciation de la nouveauté telle qu'elle est faite dans la pratique (II).

I - La notion de nouveauté dans les textes

La loi française (art. L. 611-11 CPI) comme la convention européenne (art. 54. 2 CBE) donnent une définition de principe de la nouveauté (A) assortie de figures d'exception d'importance inégale mais qu'on ne saurait en toutes hypothèses ignorer (B).

A - Le principe

« *Une invention est nouvelle si elle n'est pas comprise dans l'état de la technique* », disent les deux textes cités. La nouveauté s'apprécie donc par rapport à l'« état de la technique ». Un état de la technique que le législateur charitable vient définir comme « constitué par tout ce qui a été rendu accessible au public avant la date de dépôt de la demande de brevet par une description écrite ou orale, un usage ou tout autre moyen ». C'est cette formule qui doit donc retenir l'attention.

L'état de la technique, c'est ce qui est **accessible** au public. Le terme est important car il manifeste une simple potentialité: il importe peu que le public ait accédé à la connaissance, il suffit qu'il ait *pu* y accéder. Ainsi, c'est à tort qu'une très ancienne décision du Tribunal fédéral suisse avait cru pouvoir ne pas s'attacher à une publication sur la considération que les fascicules en cause n'avaient pas été consultés depuis des années ! En revanche, il est certain, tous moyens de divulgation pouvant être pris en considération, qu'un brevet antérieur, une conférence, un article de presse, la vente d'un bien, même si l'exemplaire est unique, susceptible par exemple d'être démonté (pour un objet mécanique) ou analysé (s'il s'agit de produit chimique), suffisent à rendre la connaissance accessible; il est possible, sur le dernier exemple donné, que personne n'ait songé à procéder à l'analyse du produit, l'important est que la possibilité en soit ouverte à quiconque y songerait.

On comprend par ce qui vient d'être dit que si c'est au **public** que la technique à même d'antérioriser l'invention doit être accessible, la question, parfois posée, de savoir où commence le public (de combien d'individus il se compose) est tout à fait dépourvue de sens. C'est, en effet, une dynamique qu'exprime le texte. Il s'agit donc seulement de savoir si les conditions d'une diffusion de la connaissance sont présentes, important peu qu'à l'instant que considère l'observateur, une, deux ou dix personnes se trouvent en situation de savoir (il se peut même, comme il vient d'être dit, que *personne* n'ait effectivement connu). Dans une telle logique, il ne saurait, par contre, être question de public en cas de communication à des profanes (qui ne peuvent ni saisir ni transmettre l'information donnée) ou à des gens compétents mais astreints au secret.

Ce visa du public présente, en outre, un autre intérêt, propre, si l'on observe, comme cela a été fait, que le public n'a ni nationalité ni domicile. La notion de public, comme à généralité, renvoie à universalité : le « public » n'est pas plus français qu'allemand ou japonais. C'est par là que se manifeste que la divulgation antériorisante peut être intervenue en n'importe quel lieu du globe (*cf. supra*).

Elle peut aussi être intervenue en n'importe quel temps puisque l'état de la technique, antériorisant, comprend tout ce qui a été rendu accessible au public **avant la date de dépôt de la demande de brevet**. Ce jour pris comme point de départ, il n'est pas de borne à la remontée dans le temps et, de la sorte, pour fournir d'authentiques exemples, un précédent peut être découvert dans Pline l'Ancien ou des récits de la conquête espagnole du Mexique. Dans un souci d'harmonisation internationale, la Convention d'union de Paris (v. chap. I) étant, toutefois, très tôt, venue mettre en place un « droit de priorité » (art. 4) qui permet au premier déposant dans un pays de l'Union de former, dans le délai d'un an, dans les autres pays membres des demandes parallèles de brevets, l'appréciation de la nouveauté (autrement dit : de l'état de la technique susceptible d'être antériorisant) est en ce cas, exceptionnellement, déplacée du jour de la demande (nationale ou européenne) au jour de la demande étrangère initiale qui a fait naître la priorité (art. L. 612-7 CPI ; art. 89 CBE). Pour illustrer cela, on dira que si une demande est formée aux États-Unis le 15 janvier puis, en France, sous priorité unioniste, le 15 mars, c'est au 15 janvier qu'il faudra, même pour la France, se demander si était accessible au public telle ou telle connaissance technique à même d'antérioriser la demande faite. La règle ne vaut qu'en cas d'identité des demandes.

B - Les exceptions

La règle est ce que nous venons de dire. Elle supporte deux exceptions tout à fait différentes dans leur esprit, puisqu'il s'agit dans un cas d'étendre ce qui est normalement considéré comme état de la technique, dans l'autre de le restreindre.

Une première exception trouve sa source dans les articles L. 611-11 al. 3 CPI et 54 (3) CBE et consiste à agréger à ce qui est véritablement accessible au public le contenu de demandes – françaises ou européennes selon le Code français – antérieures à la demande de brevet examinée mais à ce jour non encore publiées. C'est ce qu'on appelle, à l'anglaise, le *whole content approach*. En toute rigueur, ces demandes, non accessibles au public, devraient être ignorées. Mais il a été jugé préférable de faire comme si elles étaient une composante effective de l'état de la technique (accessible) et de donner ainsi le pas au premier demandeur sur le second en cas d'identité de demandes. Encore faut-il pour que la règle joue que la première demande soit finalement publiée. La demande qui serait retirée ou rejetée avant publication ne serait pas réputée enrichir l'état de la technique.

Une seconde exception est posée à l'article L. 611-13 CPI comme à l'article 55 CBE qui prévoient deux cas de **divulgations non antériorisantes**, deux cas où une divulgation de l'invention n'est pas prise en considération.

Le premier est celui où celle-ci a lieu dans les six mois précédant la date du dépôt de la demande de brevet.

Le second est celui où la divulgation résulte de la publication, après cette date, d'une demande de brevet antérieure.

Dans l'un et l'autre cas, il faut encore que la divulgation résulte « directement ou indirectement » soit « d'un abus évident à l'égard de l'inventeur ou de son prédécesseur en droit », soit du fait que l'invention a été présentée par eux dans une exposition couverte par la Convention sur les expositions internationales du 22 novembre 1928.

À la vérité, ces hypothèses restent largement d'école. L'abus peut certainement être invoqué (et, pour le juriste, la question sera surtout de savoir ce qu'est un abus « évident ») mais, de fait, il ne l'est pas. Et pour ce qui est des expositions, il faut savoir que la convention de 1928 ne s'applique qu'aux expositions internationales enregistrées par le Bureau international des Expositions de Paris, ce qui, des floralies au jardinage, n'atteint pas la cinquantaine depuis l'origine !

II - L'appréciation de la nouveauté dans la pratique

Les règles ainsi posées, se pose la question de l'appréciation pratique de la nouveauté. La réponse de principe est simple puisqu'il faut **rechercher** ce qu'il est convenu d'appeler **une antériorité de toutes pièces**.

Jugé ainsi qu'une antériorité n'est susceptible de détruire la nouveauté que si celle-ci se retrouve dans l'état antérieur de la technique, telle qu'elle est, « dans la même forme, dans le même agencement et dans le même fonctionnement » (v., par exemple, Cass. com. 8 juin 1982, *Juris-Data,* n° 002005). Jugé encore que, pour être entière, l'antériorité doit présenter tous les moyens caractéristiques de l'invention brevetée, réunis de la même façon, pour y remplir la même fonction et aboutir aux mêmes résultats. Cela ne veut pas dire identité absolue car il faut négliger des différences de détail au propre sens du terme insignifiantes. Mais cela veut dire identité quant à l'essentiel et, négativement, interdiction de procéder à une combinaison d'éléments différents de l'état de la technique pour « dessiner » une pseudo-antériorité *ad hoc* comme de prendre en considération, comme c'était le cas, avant 1968, des « équivalents ».

Encore faut-il sans doute distinguer selon la catégorie d'invention en cause. « Si l'inventeur prétend apporter à la collectivité un corps chimique nouveau, il sera bien simple de rechercher si ce corps, en tant que tel, était ou non déjà connu. Si l'inventeur prétend revendiquer l'application nouvelle d'un produit connu, s'interroger sur la nouveauté signifiera, non pas évidemment rechercher si le produit existe déjà comme tel, mais se demander si l'application dont il est fait état est ou non connue, c'est-à-dire, autrement dit et plus précisément, si le rapport du moyen au résultat est ou non connu… À cet égard, l'invention dite de sélection, qui consiste, dans un ensemble de corps présentant certaines propriétés (on songe surtout à la chimie), à isoler tel corps particulier présentant optimalement les propriétés communes à la famille à laquelle il appartient, appelle une considération particulière car le corps est connu, ses propriétés aussi, et l'invention porte donc seulement sur la mise en lumière d'une efficacité particulière; ainsi, à l'effet de trancher la question de la nouveauté, c'est cette efficacité qu'il faudra examiner pour savoir si elle avait ou non été décelée » (J. Foyer et M. Vivant, *Le droit des brevets*, PUF, 1991, p. 162 et s.).

On ajoutera – mais c'est une évidence – que la ou les antériorités ainsi invoquées doivent être *certaines* dans leur existence comme dans leur date.

Section 3
Une invention présentant une activité inventive

Voici une condition éminemment trompeuse. À s'en tenir à ce que suggèrent les mots, on s'attendrait, en effet, à ce que l'invention doive procéder d'une activité orientée vers elle. Pourtant, l'invention peut être tout à fait due au hasard et rester parfaitement brevetable. C'est en réalité une notion d'origine anglaise qui a été reprise ici qui est la notion de « **non-évidence** » (*non obviousness*): l'invention nouvelle, pour être brevetable, doit encore ne pas être évidente pour un homme de métier. Et cette non-évidence, exigence propre qui doit être appréciée séparément de la notion de nouveauté (Cass. com. 6 mars 1979, *Bull. civ.,* n° 88), doit être spécialement caractérisée (Cass. com. 4 janvier 1994, *PIBD* 1994, 563, III, 171).

Quant à ce qu'elle est, les articles L. 611-14 CPI et 56 CBE le disent dans les mêmes termes: « Une invention est considérée comme impliquant une activité inventive si, pour un homme de métier, elle ne découle pas de manière évidente de l'état de la technique. »

On retrouve l'état de la technique, précédemment rencontré au titre de la nouveauté, sauf à observer : 1) que les éléments non publiés qui peuvent être agrégés à l'état de la technique dans l'appréciation de nouveauté (v. *supra)* ne sont jamais ici pris en compte ; 2) que peut être ici pris en considération le regroupement d'éléments divers alors qu'en matière de nouveauté seule une antériorité de toutes pièces est invocable. C'est, selon l'OEB, l'état de la technique « le plus proche » qui doit servir de référence.

Cela posé, l'activité inventive sera reconnue si à l'homme du métier (I) qui contemple l'état de la technique l'invention apparaît non-évidente (II).

I - L'homme du métier

L'homme du métier du droit des brevets comme le bon père de famille de l'article 1382 du Code civil est de ces personnages abstraits qu'on est assuré de ne jamais croiser dans une rue. Essentiel au jeu du droit mais pour l'essentiel fictif, il sait beaucoup (puisqu'il maîtrise cet état de la technique par rapport à quoi s'apprécie la non-évidence) mais ne sait pas tout (car d'improbable modèle il deviendrait alors impossible figure). Il est doté de capacités inventives (puisque, pour lui, il est des inventions, nouvelles, qui ne sont qu'évidence) mais celles-ci demeurent limitées (puisque l'invention digne d'être protégée par brevet est, par définition, celle, non-évidente, qui normalement lui échappe...).

Il n'est donc pas étonnant que chacun – organismes administratifs, juridictions ou auteurs – ait tenté de donner de ce personnage singulier sa définition.

C'est ainsi que, selon les directives de l'OEB, « l'homme du métier s'entend d'un praticien normalement qualifié qui possède les connaissances générales dans le domaine concerné. Il est également censé [...] avoir eu à sa disposition les moyens et la capacité dont on dispose normalement pour procéder à des travaux et expériences courants ». Les tribunaux français ne disent pas autre chose et y voient volontiers un « spécialiste de qualité moyenne », sinon un « spécialiste qualifié ». Et l'on notera que, dans une affaire intéressant le génie génétique, la chambre des recours techniques de l'Office européen a même été plaisamment conduite à dire que l'homme du métier n'avait pas à être recherché dans la catégorie des prix Nobel, même si un certain nombre de scientifiques travaillant dans le domaine en question s'étaient vus attribuer cette distinction !

Mais la difficulté, dans la définition de ce qu'il est, ne se réduit pas à cela : à savoir à l'appréciation des qualités de cet homme du métier. Doté de plus ou moins de qualités, il est d'abord l'homme *d'un* métier et la question se pose, avant toute autre, de savoir lequel. Sans doute, on peut admettre que cet homme du métier est celui de la discipline industrielle auquel se pose le problème technique que résout l'invention (Paris 30 juin 1988, *PIBD* 1988, 445, III, 550). Mais la formule est assez abstraite et, dans le concret, la délimitation est bien moins facile qu'il n'y paraît de prime abord. Parfois les réponses données font penser à des pirouettes. Ainsi, il fut jugé par le tribunal de grande instance de Paris, à propos d'une invention concernant un jouet automobile à ressort (pour laquelle la spécialité à considérer pouvait être tant celle du jouet que des ressorts), que l'homme du métier était le fabricant de jouet à moteur… lequel possédait des connaissances générales en mécanique, notamment en matière de ressort (TGI Paris, 25 juin 1987, *JCP E* 1988, 15143, § 9) ! À la vérité, c'est que tout n'est pas toujours rapportable à un champ technique rigoureusement défini. De fait, est ainsi posé en règle que l'homme du métier doit avoir une ouverture sur les domaines voisins. Jugé même que « si le problème suggère à l'homme du métier de rechercher la solution dans un autre domaine de la technique, le spécialiste compétent pour trouver la solution est le spécialiste dans ce domaine (et qu'en) conséquence, les connaissances et les possibilités de ce spécialiste doivent être prises pour base pour apprécier si la solution implique une activité inventive » (OEB, Ch. des recours techniques, 5 mars 1982, *JOOEB* 1982, 225). À l'occasion parfois, l'homme du métier va jusqu'à se voir mué, transmué, en équipe, spécialement dans les secteurs à haute technicité où il est rare que la recherche puisse être solitaire – ce qui, comme il a été dit, n'est pas sans évoquer quelque mystère théologique !

II - La non-évidence

Mais l'homme du métier n'est là que pour faire trancher de l'évident et du non-évident. Qu'est-ce donc que l'évidence ? Ce n'est point évident… Et les directives de l'OEB ne vont guère au-delà de la tautologie quand elles disent que « le terme évident se réfère à ce qui ne va pas au-delà du progrès normal de la technique, mais ne fait que découler manifestement et logiquement de l'état de la technique ». Certes. Mais encore ?

Il y a activité inventive, pourrait-on dire, nous semble-t-il, à chaque fois qu'est constatable une *rupture,* rupture avec l'art antérieur, avec les enseignements dispensés, avec les idées reçues. C'est, en tout cas, ce qui ressort de l'examen tant des décisions françaises que de celles émanant des chambres de recours de l'OEB. Au hasard des premières, on relèvera que l'activité inventive a été découverte dans le fait que l'homme du métier avait dû vaincre un préjugé, qu'il avait dû « rompre avec (un) processus psychologique de raisonnement », qu'un brevet antérieur « discréditait » l'emploi du produit finalement adopté par le nouveau breveté, que le résultat obtenu était surprenant ou inattendu, etc. Pour l'OEB, la victoire sur un préjugé, l'effet technique surprenant, le caractère inattendu du résultat obtenu sont encore des indices révélateurs de l'activité inventive comme l'est aussi le fait que l'utilisation des enseignements tirés de l'état de la technique telle qu'elle a été faite par l'inventeur « ne serait tout bonnement pas raisonnable de la part de l'homme du métier » ou le caractère imprévisible de l'invention.

En contrepoint, à chaque fois que l'invention paraît avoir pu être obtenue par le jeu de simples opérations d'exécution ou être « le résultat nécessaire d'une recherche rationnelle » ou quand l'homme du métier est « naturellement conduit » aux solutions retenues dans l'invention, l'activité inventive ne sera pas retenue.

Mais, cela dit, on observera que l'activité inventive suppose et suppose seulement la non-évidence et peut donc être caractérisée « si faible que soit l'effort de création » (TGI Paris 30 septembre 1976, *PIBD* 1977, 191, III, 190, *Dossiers Brevets* 1977, IV, 8).

Reste un soupçon. Comme personne n'a jamais rencontré ni ne rencontrera jamais l'homme du métier, comme il peut être, selon l'opinion de l'examinateur ou du juge, plus ou mois savant et plus ou moins imaginatif, comme l'évident et le non-évident sont fortement variables selon le point de vue adopté et qu'il y a toujours par ailleurs quelque chose de l'œuf de Colomb (une évidence… après coup) dans leur appréciation, cette exigence d'activité inventive n'a-t-elle pas pour effet, sinon pour objet, de ménager le plus grand pouvoir d'appréciation aux autorités compétentes qui, mettant la barre plus ou moins haut, pourront ainsi dire l'invention brevetable ou non ? Certains le pensent…

Section 4
Une invention susceptible d'application industrielle

La loi du 2 janvier 1968 dont on sait qu'elle réforma profondément notre droit des brevets à l'époque moderne, posait, en son article 7, comme exigence propre, que l'invention devait présenter un « caractère industriel », cela compris comme signifiant que l'invention devait être, suivant une trilogie bien connue, industrielle dans son objet, dans son application et dans son résultat.

L'article L. 611-10 CPI exige seulement que l'invention brevetable soit susceptible d'application industrielle (ce que dit la Convention de Munich en son article 57).

Déplacement subtil de mots qui suffit à faire que, sous une apparence trompeuse de continuité, les choses ne sont plus les mêmes. La cour de Paris a, d'ailleurs, eu l'occasion d'affirmer que la vieille exigence était abandonnée (Paris 7 juin 1982, *RTD com.* 1982, 417, obs. Chavanne et Azéma). Une invention, susceptible d'application industrielle, comme le demande aujourd'hui le Code, est considérée comme telle « si son objet peut être fabriqué ou utilisé dans tout genre d'industrie, y compris l'agriculture » (art. L. 611-15 CPI). Le mot industrie est manifestement pris dans un sens qui n'est point vulgaire et qui est celui de l'étymologie : celui de *l'industria* latine (qui inclut l'agriculture) qui est toute activité humaine.

Mais dès lors qu'est-ce qui, pensé, conçu par les hommes, serait insusceptible d'être « fabriqué » ou (la conjonction est à souligner) « utilisé » par eux ? Ainsi cette quatrième exigence recelée par notre Code comme par la convention européenne apparaît assez formelle, largement rhétorique.

Sans doute, on a pu dire que l'exclusion, posée par ces textes, des méthodes de traitement chirurgical ou thérapeutique du corps humain ou animal et des méthodes de diagnostic appliquées à ces corps était une conséquence de l'exigence d'application industrielle. Et c'est bien ainsi que les textes présentent formellement les choses (art. L. 611-16 CPI et 52 (4) CBE). Mais, au vrai, il s'agit de méthodes et nous savons que les méthodes sont exclues comme telles de la brevetabilité (v. plus haut section 1). Cela dit, puisque les textes visent ces méthodes, tout un contentieux, non négligeable, s'est développé pour savoir quand il y avait méthode ici de traitement ou là de diagnostic. Réaliste, l'OEB a reconnu lui-même que la réponse à la question de savoir si une invention revendiquée était exclue ou non de la brevetabilité en vertu de l'article 52 (4) CBE dépendait notamment du texte de la revendication présentée. Mais, cela posé, on peut observer qu'il a été jugé qu'une thérapie avait trait aux moyens de traiter une maladie en général, de même qu'au soulagement de malaises et symptômes douloureux (OEB, Ch. des recours techniques 27 mars 1986, *JOOEB* 1986, 301) ou que le fait de soulager douleur, gêne ou incapacité (troubles de la menstruation) devait être considéré comme équivalent à une thérapie ou une application thérapeutique au sens du texte (OEB, Ch. des recours techniques

15 mai 1987, *JOOEB* 1988, 207). Quant aux méthodes de diagnostic, le texte écartant la brevetabilité ayant été justement considéré comme un texte d'exception, il n'y a lieu d'exclure du bénéfice de celle-ci que les procédés dont le résultat permet de décider directement de l'application d'un traitement médical, c'est-à-dire les procédés comportant toutes les étapes nécessaires pour établir un diagnostic (OEB, Ch. des recours techniques 25 septembre 1987, *JOOEB* 1988, 308). Mais tout cela, c'est clairement autre chose qu'une discussion sur l'application industrielle au sens des textes.

Section 5
Une invention non exclue de la brevetabilité

L'invention qui a satisfait aux diverses exigences positives de brevetabilité (*cf.* les sections précédentes) peut encore se voir interdire d'accéder au brevet parce que le législateur en a décidé ainsi.

Il est, en effet, des exclusions de brevetabilité fort variées dans leur objet comme dans leur portée, qui pour certaines seulement font problème, mais qu'en toutes hypothèses on ne saurait ignorer.

Elles figurent dans le Code français aux articles L. 611-17 s. et concernent les inventions contraires à l'ordre public et en correspondance celles qui touchent de près à la personne humaine (I), les races animales (II) et les obtentions végétales (III).

I - Les inventions contraires à l'ordre public

Aux termes de l'article L. 611-17 tel que modifié en 2004, ne sont pas brevetables « les inventions dont l'exploitation commerciale serait contraire à la dignité de la personne humaine, à l'ordre public ou aux bonnes mœurs ».

La vérité est que cette disposition ou celles qui l'ont précédée (car il y eut des antécédents à ce texte) n'ont jamais eu que des applications exceptionnelles très symboliques (refus, par exemple, d'un brevet pour une pipe à opium), ce qui n'empêche qu'elles n'aient pas très bonne presse auprès de nombreux spécialistes du droit des brevets qui leur reprochent d'introduire des notions morales, des jugements de valeur donc, au cœur d'une technique qui n'en a (ou n'en aurait) que faire. Mais, précisément observé qu'il est dans la nature d'un tel texte de ne jouer qu'exceptionnellement, peut-on vraiment, sauf à avoir du droit la conception la plus tristement positiviste, considérer comme anormal de ménager la possibilité de choix à résonance sociale ? Sans aptitude au choix, est-il des sociétés humaines ?

L'Office européen des brevets, dans la fameuse affaire dite de la *« Souris oncogène »,* devait, quant à lui, estimer qu'une invention relevant du domaine des manipulations génétiques pouvait raisonnablement faire l'objet d'un examen quant à son éventuelle contrariété avec l'ordre public et les bonnes mœurs et qu'il convenait, dans cette évaluation, de manière concrète de prendre en considération et de mesurer la souffrance des animaux et les risques pour l'environnement de l'invention par rapport à son utilité pour l'humanité (*cf.* OEB, décisions des 3 octobre 1990, *JOOEB* 1990, 476, et 3 avril 1992, *JOOEB* 1992, 588). On peut discuter les opinions émises par les instances de l'OEB (qui a finalement délivré un brevet pour cette souris transgénique destinée à des expériences), on peut, nous semble-t-il, difficilement critiquer, sur une question intéressant aussi fondamentalement l'espèce humaine (car il s'agit bien plus que de souris) l'approche qui a été la leur (quoiqu'à la vérité cela ait été fait).

Il s'agit bien plus que de souris : jugé, de fait, depuis lors, que le fait d'isoler un ARN codant pour une protéine humaine à partir de tissus humains n'est pas en soi contraire aux bonnes mœurs, pas plus que ne l'est le fait de breveter un fragment d'ADN codant pour de telles protéines (OEB 8 décembre 1994, *JOOEB* 1995, 388 ; *Grands arrêts de la propriété intellectuelle*, Dalloz, 2003, n° 18, comm. Vivant, n° 22, comm. Le Gal et Monleaud-Dupy, *D.* 1996, 44, note Galloux). Du brevet, de l'éthique, de l'homme et de la vie…

C'est ce qui a conduit le législateur français à affirmer en 2004, dans un article L. 611-18 nouveau du Code (reproduisant une formule de la directive de 1998 sur les inventions biotechnologiques), une idée déjà présente dans notre législation mais de manière moins élaborée, à savoir que « le corps humain, aux différents stades de sa constitution et de son développement, ainsi que la simple découverte d'un de ses éléments, y compris la séquence totale ou partielle d'un gène ne peuvent constituer des inventions brevetables ». Ceci est complété par une affirmation qu'il faut approuver selon laquelle « seule une invention constituant l'application technique d'une fonction d'un élément du corps humain peut être protégée par brevet », mais qui, à vrai dire, n'est que le rappel qu'il faut une invention (v. *supra*) pour qu'un brevet puisse être pris.

Quand le législateur ajoute (art. L. 611-18 CPI) que « ne sont notamment pas brevetables :

a) les procédés de clonage des êtres humains ;

b) les procédés de modification de l'identité génétique de l'être humain ;

c) les utilisations d'embryons humains à des fins industrielles ou commerciales »,

c'est bien, en revanche, d'exclusions qu'il s'agit, qui ne sont ici encore que la reprise de dispositions figurant dans la directive de 1998 et qui – on le notera – dans cette directive sont posées au titre de l'ordre public.

Retour fait à des considérations plus techniques, il reste à ajouter qu'une invention ne peut être considérée comme contraire à l'ordre public ou aux bonnes mœurs du seul fait que son exploitation est interdite par une disposition législative ou réglementaire (art. L. 611-17 CPI) ; ainsi pourrait-il en être par exemple d'un détecteur de radar brevetable quoi que l'usage en soit interdit.

II - Les races animales

Échappent encore au brevet « les races animales ainsi que les procédés essentiellement biologiques d'obtention de végétaux ou d'animaux », cette disposition ne s'appliquant pas « aux procédés microbiologiques et aux produits obtenus par ces procédés » (art L. 611-19 CPI ; v. aussi art. 53 b CBE). L'exclusion est franche. Franche mais point nette car il est clair que le texte conduit à une casuistique délicate. Ainsi, le procédé « essentiellement biologique » n'est pas brevetable mais le procédé « non essentiellement biologique » l'est : seulement, où passe la frontière ? Pour l'OEB, il convient de se fonder sur « ce qui constitue l'essence de l'invention »... De même, qu'est-ce qu'une race animale, telle que visée au texte ? Faut-il parler de race en présence d'animaux génétiquement modifiés ? La réponse négative a finalement triomphé mais la question a longtemps troublé les offices.

De fait, la question ici posée est, dans ses tréfonds, celle (déjà évoquée) du brevet et de la vie. Mais il n'est pas certain qu'en ces termes, elle soit bien posée. Car le rapport entre la vie et les « briques élémentaires » qui la constituent (lesquelles sont à l'origine, après intervention humaine, des demandes de brevets) est plein d'ambiguïté. Constituer un droit sur celles-ci, est-ce le constituer sur celle-là ? La réponse *de fond* n'est pas dans le droit.

III - Les obtentions végétales

Enfin ne sont pas non plus brevetables les obtentions végétales d'un genre ou d'une espèce bénéficiant du régime de protection particulier qui est le leur. L'exclusion est – on le voit – bien différente des précédentes. Il ne s'agit pas de refuser toute protection à une innovation. Il s'agit, en contemplation d'un régime spécifique, de réserver le jeu de celui-ci en écartant ce qu'on pourrait appeler le droit commun du brevet.

Nous nous bornerons à indiquer ici que l'obtention végétale est « la variété nouvelle, créée ou découverte » qui : 1) se différencie des autres par un caractère important ; 2) est homogène ; 3) demeure stable (*cf.* art. L. 623-1 CPI).

Section 6
Sanction des conditions de brevetabilité : l'action en annulation

Devant répondre à certaines exigences légales, le brevet qui n'y satisfait pas peut évidemment être annulé. L'action en annulation est la sanction naturelle des conditions de brevetabilité (de fond mais aussi de forme : sous cet autre aspect, v. *infra,* chap. IV). On lit à l'article L. 613-25 CPI que « le brevet est déclaré nul par décision de justice : a) si son objet n'est pas brevetable » aux termes d'un certain nombre d'articles.

L'action, de la compétence des dix tribunaux de grande instance spécialisés en matière de brevet (v. art. L. 615-17 CPI), est ouverte à tout intéressé comme au ministère public. Elle peut être formée à titre principal par celui qui a un intérêt à agir (ainsi d'un industriel désireux de libérer un marché : Cass. civ. 25 juin 1951, *S.* 1953, I, 1) mais, en règle générale, est plutôt une réponse à une action en contrefaçon (si le brevet est nul, il n'y a pas matière à contrefaçon) ou à une action en paiement des redevances d'un contrat de licence (privé d'objet si le brevet est nul). L'annulation prononcée peut être totale ou partielle et a un effet absolu à l'égard des tiers (art. L. 613-27 CPI).

Le contentieux est important et démontre la relative fragilité du brevet. Là où l'examinateur n'aura pas discerné d'éléments susceptibles de mettre en cause la nouveauté ou l'activité inventive, le plaideur, aiguillonné par la défense de ses intérêts propres, apportera souvent de quoi convaincre le juge de dire le brevet nul. Est-il même des brevets tout à fait à l'abri de la critique ?

Lire aussi

- Bergmans B., *La protection des innovations biotechnologiques (Études de droit comparé)*, Bruxelles, Larcier, 1991
- Burnier D., *La notion de l'invention en droit européen des brevets*, Genève, Droz, 1981
- Chemtob M.-C. et Gallochat A., *La brevetabilité des innovations biotechnologiques appliquées à l'homme,* Tec & Doc, 2e éd., 2004
- Galloux J.-C., « Fabrique moi un mouton », *JCP* 1990, I, 3430
- Gaumon-Prat H., « Brevetabilité du vivant: animal et humain », *J.-Cl. Brevets*, fasc. 4240, 2004
- Le Stanc C., « Exclusions de brevetabilité », *J.-Cl. Brevets*, fasc. 4210, 2000
- Lucas A., « Invention et caractère industriel », *J.-Cl. Brevets*, fasc. 4230, 1997
- Scheuchzer A., *Nouveauté et activité inventive en droit européen des brevets*, Genève, Droz, 1981
- Schmidt J., *L'invention protégée*, Litec, 1972
- Vivant M., « Propriété intellectuelle et ordre public », *Mélanges Foyer*, Litec, 1997; « Activité inventive », *J.-Cl. Brevets*, fasc. 4250, 2003
- Vivant M. et Bruguière J.-M., « Protéger les inventions de demain », *La Doc. fr.*, 2003; « Réinventer l'invention? », *Prop. intell.* 2003, n° 8, p. 286

Chapitre III

Un brevet pour qui ? Le droit au brevet

Le brevet appartient, au final… au breveté. Le droit au brevet pourtant dénommé « d'invention » n'appartient guère à l'inventeur, si ce n'est en première et rapide apparence, à travers ce que peuvent laisser penser des textes qui sont surtout un hommage rendu à celui-ci mais restent bien formels. À l'opposé du droit américain qui prétend s'attacher au *« first and true inventor »* (qui prétend… car la pratique prend ses distances avec la règle), l'article L. 611-6 du Code français comme l'article 60 de la Convention de Munich dite sur le brevet européen disent, en effet, dans des termes analogues que le droit au titre de propriété industrielle « appartient à l'inventeur ou à son ayant cause ». Inventeur : le mot est bien là. Mais est là aussi le mot d'ayant cause. Et que ce soit par le contrat ou par la loi, il est bien rare que les qualités d'inventeur et de breveté se retrouvent dans la même personne.

La mise en parallèle des solutions américaine et européenne souligne, toutefois, l'importance des problèmes de droit international privé qui doivent être évoqués (section 1) avant même que ne soient examinées en détail les solutions de fond retenues par le droit français (section 2).

Section 1
La titularité en droit international privé

Dès l'instant où les règles nationales peuvent varier fortement, il est particulièrement important de déterminer selon quelle loi il sera dit que le droit au brevet appartient à tel ou tel. L'enjeu est d'autant plus notable que les entreprises étant aujourd'hui le lieu « naturel » où les inventions se font, dès lors que bien des entreprises présentent une structure multinationale, la question de l'attribution des droits ne pourra raisonnablement pas être enfermée *a priori* dans un système national de droit.

La doctrine française paraît admettre que c'est à la **loi du contrat** qu'il faut se référer. Autrement dit, la loi française dont il sera ultérieurement question (section 2) est considérée comme normalement applicable aux brevets français et *étrangers* quand la loi applicable au contrat est la loi française (le contraire ayant été cependant jugé: TGI Toulouse 14 avril 1986, *PIBD* 1986, 396, 111, 200, *Dossiers Brevets* 1986, VI, 2). La conséquence en est que nos tribunaux n'hésitent pas, faisant droit à une action en revendication menée selon la loi française (v. *infra,* section 2, V) à décider que son effet s'étendra aux brevets étrangers (v. Lyon 25 juin 1985, *Dossiers Brevets* 1985, IV, 3).

Dans la Convention de Munich – dite sur le brevet européen –, sous réserve de la règle de fond plus haut cité, il est fait référence, en revanche, à propos des inventions de salariés à la **loi du lieu d'exécution du travail** puisqu'on peut y lire que « si l'inventeur est un employé, le droit au brevet européen est défini selon le droit de l'État sur le territoire duquel l'employé exerce son activité principale », avec la précision que « si l'État sur le territoire duquel s'exerce l'activité principale, ne peut être déterminé, le droit applicable est celui de l'État sur le territoire duquel se trouve, l'établissement de l'employeur auquel l'employé est attaché » (art. 60.1).

On voit que les règles ne sont pas semblables. Certes, elles peuvent se rejoindre. Dans le cas d'un salarié français dont le contrat de travail est soumis à la loi française et qui exerce son activité de recherche en France, c'est la loi française qui sera compétente selon les deux systèmes pour décider, avec effet international, à qui revient le droit au brevet. Mais on peut imaginer que ce salarié, dépendant d'une filiale américaine, relève d'un contrat soumis au droit américain : l'unité est rompue en ce cas. On peut alors songer à une application distributive des lois désignées selon une voie ou une autre : l'application de la loi française (du lieu d'exécution) pour autant qu'il s'agit de « brevet européen » – au sens de la convention –, la loi américaine (du contrat) pour le reste. On ne peut manquer, toutefois, de se demander s'il ne serait pas opportun d'éviter un tel éclatement et donc, de fait, d'aligner les solutions enseignées en France sur celles tirées de la Convention de Munich.

On ne manquera pas de relever enfin qu'en toutes hypothèses, l'exception d'ordre public au sens international du terme peut toujours être opposée à une solution étrangère jugée inacceptable. La solution dégagée selon un système national de droit international privé peut fort bien ainsi être écartée encore, suivant les préceptes d'un autre droit ; pratiquement, le jeu de la loi normalement désignée dans l'ordre international et emportant attribution du brevet à X peut toujours être écarté si suivant le système juridique du juge sollicité il paraît violemment contraire à des principes tenus pour essentiels de ne pas attribuer le titre à Y. Ce n'est jamais, à dire vrai, que du droit international privé, complexe peut-être, mais banal. Banal, mais à ne pas, méconnaître.

Section 2
La titularité selon les règles relevant de l'ordre juridique français

On entendra ici par « règles relevant de l'ordre juridique français » aussi bien les règles figurant dans le Code de la propriété intellectuelle que, pour partie, celles figurant dans la Convention de Munich en tant que la règle européenne s'incorpore au droit français pour autant qu'un des brevets demandé sous le bénéfice de la procédure de délivrance unique soit un brevet français (sur l'articulation entre système strictement national et système européen, v. chap. I).

C'est ici que la dissociation entre qualité d'inventeur et qualité de breveté, plus haut évoquée, s'affirme.

L'inventeur a certes le droit d'être cité comme tel (art. L. 611-9 CPI et 62 CBE) et la jurisprudence y voit, comme pour certaines prérogatives attachées au droit d'auteur, une prérogative morale (TGI Paris 4 nov. 1993, *PIBD* 1994, 560, III, 74, *Dossiers Brevets* 1994, Il, 4).

Mais, sur le terrain patrimonial qui est *stricto sensu* celui du brevet, la qualité d'inventeur importe peu: *le brevet revient à celui qui, ayant la légitime « maîtrise » intellectuelle de l'invention faite, en fait la demande à un office*: INPI ou OEB, pour faire référence au cas français.

De fait, c'est d'abord l'inventeur qui par hypothèse... maîtrise, connaît son invention et c'est ainsi qu'il aura vocation naturelle au brevet dans le cas le plus simple où l'invention est le fait d'un ou plusieurs individus indépendants (I). Mais les choses changent quand l'invention est le fait de salariés, ce qui représente aujourd'hui l'écrasante majorité des cas, car derrière ceux-ci se profile l'entreprise (II). Et c'est encore davantage d'entreprises que d'individus dont il est question quand l'invention est « de commande », troisième situation particulière dont il convient encore de dire un mot (III), hypothèse qui conduit naturellement, puisque la commande passe par un contrat, à parler, au-delà de ce cas particulier, des inventions qu'on pourrait qualifier d'« inventions sous contrat » (IV). Il reste que, quel que soit le cas de figure, le titre peut être attribué à qui n'y a pas droit, ce qui implique que soient prévues des sanctions (V).

Avant d'aller plus loin, on observera, toutefois, que, dans un souci de commodité évident, le législateur français a posé que « dans la procédure devant de directeur de l'institut national de la propriété industrielle », « le demandeur est réputé avoir droit au titre de propriété industrielle » (art. L. 611-6 al. 3 CPI).

I - L'invention indépendante

Il s'agit là de la première hypothèse, celle à laquelle ceux qui ne sont pas familiers du monde de la recherche pensent certainement le plus volontiers: entre le concours Lépine et le professeur Tournesol, le cas de l'inventeur isolé, plus ou moins génial, plus ou moins farfelu, plus ou moins efficace. L'hypothèse est marginale. Elle existe néanmoins.

Et le droit répond alors en conférant le titre de brevet audit **inventeur** (*cf.* textes cités en début de chapitre), ce qui est bien naturel puisqu'il est le seul en lice!

Passerait-on d'un inventeur seul à une équipe? C'est au groupe alors que revient le titre, ce qui se traduit en toute rigueur par une copropriété que le Code français organise par ailleurs (art. L. 613-29 et s. CPI). Ce sont alors *les* inventeurs qui sont *les* brevetés car, cette fois-ci, s'ils sont plusieurs en lice, c'est à égalité. Ils ont, en effet, inventé ensemble, également indépendants (ou interdépendants si l'on veut) et ont également droit au brevet.

Il faut ajouter seulement que, si plusieurs personnes ont réalisé l'invention indépendamment l'une de l'autre, le droit au brevet est alors reconnu au premier déposant (ce que la Convention sur le brevet européen dit expressément: art. 60.2).

Point besoin d'autres développements.

II - L'invention de salarié

Les choses changent bien évidemment du tout au tout avec les inventions de salariés. Car, si la Convention de Munich ne s'en préoccupe que du point de vue du conflit de lois (v. *supra,* section 1), les solutions du Code français, qui visent salariés du secteur privé comme du secteur public (art. L. 611-7.5 CPI), sont construites, comme celles de la plupart des autres lois nationales, sur l'idée qu'en ce cas, l'inventeur est, par hypothèse, dans un rapport de dépendance à l'égard d'un employeur. En forçant à peine le trait, on peut dire que notre Code en tire la conséquence radicale que le droit au brevet doit revenir dans quasiment tous les cas de figure audit **employeur**. Le salarié est payé pour chercher et, espère-t-on, trouver. S'il trouve, il doit le fruit de sa recherche à celui qui l'a payé pour ça.

Nous avons dit, cependant, qu'il en allait ainsi dans presque tous les cas de figure. C'est qu'effectivement, suivant un schéma adopté en 1978 et applicable aux inventions faites postérieurement au 1er juillet 1979, la loi procède à des distinctions qui obligent à considérer trois hypothèses, soit suivant une terminologie désormais reçue: inventions de mission (A), inventions « hors mission attribuables » (B) et inventions « hors mission non attribuables » (C), qui postulent toutes une information mutuelle des parties intéressées (D).

A - Les inventions de mission

La première situation est celle où il est d'usage de parler d'invention « de mission ».

Le salarié a reçu une mission précise (à dire vrai, plus ou moins précise) de recherche dont on attend qu'elle débouche sur une invention. Le texte parle d'« inventions faites par le salarié dans l'exécution d'un contrat de travail comportant une mission inventive qui correspond à ses fonctions effectives, soit d'études et de recherches qui lui sont explicitement confiées » (art. L. 611-7 10 CPI) et l'on voit donc que la définition légale est extrêmement accueillante. Contrairement à ce que l'on pourrait croire de prime abord, il n'est toutefois pas toujours simple d'apprécier ce qu'est l'exacte fonction d'un salarié; pour donner un exemple, c'est ainsi qu'il a été jugé que cette mission pouvait valablement consister en une mission inventive *générale* d'amélioration des techniques utilisées par l'employeur dans le cadre de l'activité de l'entreprise (Cass. com. 13 octobre 1992, *Juris-Data,* n° 002229). Le point certain est que la mission doit être effective et donc, par exemple, le salarié dont la tâche aurait évolué au fil des ans pour devenir administrative ne serait plus concerné par le texte quelle qu'ait été sa fonction initiale.

Les conséquences du texte sont nettes : ces inventions « appartiennent à l'employeur » (même texte) ou, à plus justement parler, le droit au brevet sur ces inventions revient à l'employeur. Le salarie a droit, quant à lui, à une « rémunération supplémentaire » qui trouve sa cause dans la loi (car, autrement, on pourrait dire que le salarié a déjà trouvé dans le salaire sa juste rémunération) mais qui n'est pas facile à mesurer en pratique. Le législateur renvoie pour sa fixation, outre aux contrats individuels de travail, aux conventions collectives et accords d'entreprise. À titre indicatif, et bien que l'hypothèse soit particulière (elle suppose que les parties n'ont pas su s'accorder), on relèvera que, lorsque la Commission des inventions de salariés s'est trouvée appelée à intervenir (v. *infra,* D), elle a, pour sa part, retenu un taux de rémunération supplémentaire correspondant en moyenne à deux ou trois mois de salaire (Rép. min., n° 16171, *JOANS nat.* 3 oct. 1994, p. 4911). Mais, dans une affaire qui fit grand bruit, la Cour de cassation, jugeant qu'aucun lien n'était à établir entre la rémunération supplémentaire due et le salaire usuel reçu par le salarié, valida une décision dans laquelle les juges du fond n'avaient pas hésité à octroyer à l'inventeur 4 millions de francs (soit un peu moins de 610 000 euros : Cass. com., 21 nov. 2000, *JCP* 2001, II, 10463, note Galloux ; *JCP E* 2001, p. 275, note Galloux ; *D.* 2002, somm. p. 1188, obs. Raynard) !

B - Les inventions « hors mission attribuables »

Viennent ensuite les inventions dont on a pris l'habitude de dire qu'elles étaient « hors mission attribuables » : en dehors de la mission du salarié mais attribuables en une forme ou une autre à l'employeur.

Ainsi en est-il « lorsqu'une invention est faite par un salarié, soit dans le cours de l'exécution de ses fonctions, soit dans le domaine des activités de l'entreprise, soit par la connaissance ou l'utilisation des techniques ou de moyens spécifiques à l'entreprise ou de données procurées par elle » (art. L. 611-7-20

CPI). On peut difficilement imaginer définition plus large et, suivant celle-ci, il n'est pas certain, selon le mot que nous avons recueilli d'un cadre de l'industrie de l'armement, que l'invention qu'un tel cadre ferait d'une cuillère à moka d'un nouveau type pourrait échapper à la mainmise de l'employeur ! Quand, en effet, un salarié inventeur se trouvera-t-il, par exemple, dans la situation de ne pas utiliser des « données » procurées par son entreprise ?

Cela étant, l'invention ainsi caractérisée, l'employeur peut se faire attribuer, à son choix, propriété (le brevet) ou jouissance (une licence sur le brevet alors abandonné à son salarié) de l'invention, et ce en tout ou partie (on peut, en effet, songer à des démembrements « intellectuels », dissociation, par exemple, d'une application pharmaceutique et d'une application cosmétique).

Le salarié doit alors recevoir un « juste prix » qui, malgré ce vers quoi pourrait faire incliner son nom, ne peut être conçu sur le simple modèle d'un prix de cession : il est vrai que la propriété, dans le cas de référence, revient à l'employeur qui souhaite se faire attribuer le brevet alors que le salarié avait vocation première à l'obtenir mais le salarié n'a inventé qu'avec les moyens, l'appui de l'entreprise et il faut en tenir compte. Le législateur le rappelle, d'ailleurs, quand il dit qu'à défaut d'accord amiable la commission de conciliation instituée à l'article L. 615-21 CPI ou le tribunal de grande instance doivent tenir compte des « apports initiaux de l'un et de l'autre » (art. L. 611-7-20 al. 2 CPI). Jugé encore que l'appréciation de ce juste prix doit être faite au moment où se produit l'attribution de l'invention à l'employeur et en tenant compte des perspectives d'exploitation normalement espérées à cette date (Paris, 4e ch., 17 octobre 1989, *PIBD* 1990, 472, III, 94). Concrètement, ces « justes prix » ont été fixés, quand il a fallu faire appel à elle, par la Commission des inventions de salariés (v. *infra,* D) dans une fourchette allant de 50 000 à 700 000 F (Rép. min., n° 16171, précitée ; soit approximativement de 7 500 à 105 000 €).

C - Les inventions « hors mission non attribuables »

« Toutes les autres inventions appartiennent au salarié » (art. L. 611-7-2° *in limine* CPI). Toutes ? Sans doute. Toutes celles qui échappent à la mission du salarié et sur lesquelles l'employeur ne peut prétendre à rien. Mais c'est – on l'aura compris – fort peu. Le salarié inventeur n'a guère vocation à être salarié breveté…

D - L'information mutuelle due

Reste que toutes les règles jusque-là examinées supposent une parfaite information des deux parties intéressées. C'est pourquoi le salarié inventeur, au-delà des obligations mêmes qui résultent de l'économie du contrat de travail, doit informer son employeur de *toute* invention dont il est l'auteur (art. L. 611-7-30 et R. 611-1 et s. CPI), obligation dont il faut bien constater que les salariés, chercheurs, peu formés au droit, n'ont guère conscience et sur laquelle le juriste d'entreprise doit, pour cette raison même, fortement attirer leur attention. « Le salarié et l'employeur doivent se communiquer tous renseignements utiles sur l'invention en cause » (art. L. 611-7-30 al. 2 CPI). Le salarié faisant une proposition de classement de l'invention dans l'une des catégories sus-examinées (art. R. 611-2 *in fine* CPI) et l'employeur prenant parti à son tour (art. R. 611-1 et s. CPI) d'une manière qui les conduit (tout est pour le mieux) ou non (il faudra plaider) à un accord. Encore est-il qu'il est admis, bien que les praticiens le discutent, que les tribunaux ont à contrôler la pertinence du choix fait puisque celui-ci dépend d'une construction légale (Cass. com., 18 déc. 1986 : *Bull.,* n° 241, *Grands arrêts de la propriété intellectuelle*, Dalloz, 2003, n° 23, comm. Robin) dont les intéressés ne sauraient être maîtres (Aix-en-Provence 14 avril 1987, *Dossiers Brevets* 1987, IV, 5).

Salarié et employeur doivent aussi, précise le Code qui ne fait que mettre l'accent sur une règle de raison, s'abstenir de toute divulgation qui pourrait compromettre l'exercice des droits conférés à l'un ou à l'autre.

Tout ne se résolvant pas toujours sans difficultés, il faut, néanmoins, songer au contentieux. Le législateur a voulu l'adoucir en prévoyant une formule de conciliation, déjà incidemment évoquée, puisqu'il prévoit que toute contestation relative à ces inventions de salariés sera soumise à une Commission paritaire de conciliation, composée d'employeurs et de salariés et présidée par un magistrat de l'ordre judiciaire dont la voix est prépondérante en cas de partage (art. L. 615-21 CPI). Installée auprès de l'INPI, cette commission formule, dans les six mois de sa saisine, une proposition de conciliation qui vaut accord entre les deux parties, si dans les deux mois de sa notification, l'une d'elles n'a pas saisi le tribunal de grande instance (même texte). Les parties peuvent se faire assister ou représenter devant la commission qui peut faire appel à des experts. C'est donc une sorte de « pré-instance » qui se déroule devant elle. Mais, soucieux d'en préserver l'efficacité, l'INPI qui voit un gage de celle-ci dans la confidentialité assurée à la procédure de conciliation, a choisi de ne pas publier ses décisions et il n'est donc pas possible de discerner ce que pourrait être sa « jurisprudence ». On observera, toutefois, que lorsque le contentieux se poursuit devant le tribunal (ce qui est, somme toute, assez rare), celui-ci suit très largement les propositions faites par la commission et, par hypothèse, rejetées par l'une ou l'autre des parties intéressées (v. M. Mousseron, *Les inventions de salariés*, Litec, 1995, n° 533; J. Foyer et M. Vivant, *Le droit des brevets*, PUF, 1991, p. 98).

Si le système est parfois critiqué, et même à l'occasion assez vivement, le fait est qu'il « tourne » et que les inventions de salariés ne posent pas en France de problèmes majeurs.

III - L'invention de commande

Avec l'invention, ici qualifiée de commande, nous ne sommes plus dans une catégorie légale et, selon le sens commun, la formule peut même sembler étrange car on imagine mal qu'une invention puisse être commandée (de l'invention et de l'inventivité à la demande ?). Pour l'essentiel, c'est pourtant bien de cela dont il s'agit : non point, à dire vrai, de « commander » une invention comme s'il était absolument assuré qu'on trouvât, mais de commander une recherche bien précise dont il est attendu un résultat en termes, pourrait-on dire, de probabilité raisonnable. La pratique est courante. C'est, par exemple, une entreprise qui souhaitera disposer d'un matériau présentant telle ou telle caractéristique de résistance qui s'adressera à une autre entreprise spécialisée dans le domaine considéré pour qu'elle conçoive ledit matériau.

Qui a droit alors au brevet ? La loi n'en dit rien. À dire vrai, si le contrat n'a d'autre objet que la livraison du produit matériel qui peut être le résultat de l'invention (le matériau, par exemple, qui permettra la construction d'une machine répondant à des spécifications particulières), la question de la maîtrise juridique n'est pas en jeu. Mais si celui qui a commandé veut qu'on lui livre moins le produit que le savoir, la « recette » qui en permet la réalisation, en un mot l'invention comme telle, la question se pose tout naturellement de savoir qui peut prétendre obtenir sur elle un brevet : celui qui en est l'auteur ou celui qui a commandé – et financé – la recherche ? Or rien dans la lettre non plus que dans l'esprit de la loi ne permet de répondre – du moins en termes tranchés. Certes, l'inventeur, ou, plus justement, l'entreprise auteur de l'invention, peut prendre appui pour plaider sa cause sur l'article L. 611-6 CPI (cité en début de chapitre) en tant qu'il vise d'abord l'invention. Mais il n'est pas incongru de soutenir que celui qui a payé pour une recherche puisse prétendre aux fruits de celle-ci (c'est bien ce qui sous-tend le choix de la solution légale en matière d'invention de salariés : v. *supra,* II). L'un et l'autre peuvent faire valoir qu'ils ont une légitime maîtrise intellectuelle de l'invention (rappr. Introduction de la section 2). Au vrai, au final, seule une étude au cas par cas peut permettre d'aboutir ici à une réponse et là à une autre.

La conclusion qui s'impose avec la plus grande fermeté est que la question du droit au brevet doit être tranchée dans tout contrat de commande par une **clause** expresse aussi précise que possible. Quel que soit le nom retenu et/ou la spécificité du cas de figure, il ne devrait pas y avoir de contrat de commande, de contrat de recherche... sans de telles clauses.

IV - L'invention « sous contrat »

Contrat pour contrat, rien n'oblige à considérer le seul cas des contrats de commande. Une invention à faire ou déjà faite peut être l'objet de toutes sortes de contrats. Invention à faire: convention, par exemple, par laquelle deux entreprises décident de s'associer pour une recherche et conviennent du statut des résultats (attribution du brevet à l'une ou à l'autre, copropriété, partage selon le secteur d'activité...), qu'elle prenne le nom de convention de collaboration, de convention de recherche-développement ou un autre nom encore. Invention faite: convention, par exemple, improprement baptisée par la pratique du nom de « cession d'invention » et qui n'est autre qu'une communication de savoir-faire brevetable tendant à permettre au bénéficiaire d'obtenir à son profit le brevet sur l'invention communiquée. Un contrat de licence de brevet qui participe du louage et ne met donc pas directement en cause la propriété du titre (v. chap. VII) peut aussi, malgré ce, soulever de telles questions de droit au titre quand il s'agit de savoir à qui attribuer des droits sur les perfectionnements.

Il faudrait même songer, à l'occasion, à de telles clauses dans la relation entre une entreprise et ses dirigeants, si ceux-ci s'avèrent à même d'inventer dans le secteur qui est celui de l'entreprise, car la jurisprudence a refusé d'étendre par analogie les règles conçues pour les inventions de salariés (v. ainsi Cass. com. 21 juin 1988, *Dossiers Brevets* 1988, V, 5).

Cela dit, il suffit d'observer ici que la règle est celle de la **liberté des conventions** et qu'il appartient donc aux parties de régler au mieux entre elles la question du droit au brevet.

La seule limite à laquelle celles-ci devront être spécialement attentives réside dans le droit de la concurrence car, derrière de tels contrats, se profile bien évidemment le spectre de l'entente prohibée. On notera ainsi, en illustration, que, dans le règlement n° 2659-2000 du 29 novembre 2000 « concernant l'application de l'article 81 § 3 du traité CE à des catégories d'accords de recherche et de développement », il est posé entre autres conditions, au jeu de l'exemption prévue, que « dans le cas où l'accord [...] ne concerne que la recherche et le développement en commun, chacune des parties doit être libre d'exploiter indépendamment les résultats de la recherche et du développement en commun ainsi que le savoir-faire préexistant nécessaire aux fins d'une telle exploitation » (art. 3. 3).

V - Sanctions des attributions indues

La loi dit que le brevet doit revenir à tel ou tel. Le contrat peut le dire aussi à l'occasion. Ce n'est pas, pour autant, que ces dispositions ou stipulations seront toujours respectées. Un salarié, ignorant des règles légales, aura pu croire avoir droit au brevet quand tel n'était pas le cas et demander ainsi en toute bonne foi et, pour finir, obtenir un titre qui aurait dû revenir à son employeur (le cas n'est pas fréquent mais il n'est pas d'école non plus). Un salarié aura pu encore, cette fois-ci conscient de la juste mesure de ses droits, et peu scrupuleux, déposer une demande de brevet en cachette de son employeur et l'obtenir encore. Bien plus, il faut évoquer les cas d'espionnage industriel qui ne sont pas une simple vue de l'esprit: de l'indiscrétion sollicitée au vol de plans en passant par la pénétration des mémoires informatiques d'un concurrent, il est bien des moyens pour obtenir des informations sur les recherches menées et les résultats obtenus par d'autres, qui permettent de se présenter devant l'Office des brevets comme celui qui a naturellement droit au titre.

À l'évidence, il n'est pas possible d'en rester là.

De fait, des actes comme le vol ou l'accès frauduleux à un système informatique sont déjà pénalement sanctionnés. Le débauchage des salariés d'un concurrent relève de la concurrence déloyale. Et, du point de vue du droit du travail, le fait pour le salarié de déposer un brevet à l'insu de son employeur a été jugé constitutif d'une cause réelle et sérieuse de licenciement (Paris, 18e ch., 29 avril 1988, *Juris-Data,* n° 023371 ; 8 novembre 1990, *Juris-Data,* n° 025248).

Mais il fallait aussi sanctionner les détournements sur le terrain du droit des brevets. Et c'est pourquoi le législateur français a imaginé une action « en revendication » dont le principe paraît indiscutable et dont un « diminutif » existe dans la procédure européenne (A). Plus curieusement, la Convention de Munich ouvre une voie d'annulation (B).

A - L'action en revendication du titre

L'article L. 611-8 CPI pose en son alinéa 1er que « si un titre de propriété industrielle a été demandé soit pour une invention soustraite à l'inventeur ou à ses ayants cause, soit en violation d'une obligation légale ou conventionnelle, la personne lésée peut revendiquer la propriété de la demande ou du titre délivré ». Dans sa finalité tendant à faire reconnaître la propriété à qui peut y prétendre, cette action apparaît donc, dans son principe, comme une action en responsabilité, délictuelle ou contractuelle. Par l'usage du terme « soustraction » qui sert à désigner, au pénal, l'élément matériel du vol, elle suggère une connaissance acquise par des moyens frauduleux. Ce qu'il faudra établir.

Nous négligerons le détail de la procédure (*cf.* art. R. 611-18 et s. CPI). Il faut retenir qu'intentée avant la délivrance du titre, elle emporte suspension de la procédure administrative de délivrance, qu'intentée par la suite, elle interdit au titulaire du brevet de renoncer à celui-ci en tout ou partie. Elle se prescrit normalement par trois ans à compter de la date de publication du titre (art. L. 611-8 al. 2 CPI).

Si l'action aboutit, le revendiquant est substitué au titulaire initial et cet effet de substitution emporte évidemment des conséquences rétroactives. C'est ainsi que les actes passés par le défendeur sont mis à néant (ainsi du contrat de licence passé *a non domino* : Paris, 4e ch., 12 novembre *1992, JCP E* 1993, I, 290, n° 26, obs. Burst et Mousseron, *PIBD* 1993, 538, III, 118, *Dossiers Brevets* 1993, I, 4). On admet aussi que le revendiquant qui a triomphé puisse faire condamner celui contre qui il a agi avec succès en contrefaçon, ce qui est raisonnable puisque, par hypothèse, s'il a agi jusque-là sous couvert d'un droit usurpé, c'est donc sans droit qu'il a effectivement agi.

La formule n'existe pas dans la procédure européenne mais on ne peut manquer de faire le rapprochement notionnel avec l'action visée à l'article 61 de la Convention de Munich, souvent dénommée « action en reconnaissance », qui, tant que la délivrance n'est pas acquise, permet à celui qui dit avoir droit au titre d'obtenir suspension de la délivrance pour, son droit reconnu, soit poursuivre en son nom la procédure de délivrance, soit déposer une nouvelle demande, soit encore, tout à l'opposé, demander le rejet de la demande initialement formée.

B - L'action en annulation du brevet

Plus étrange est la règle retenue par cette même Convention de Munich qui prévoit parmi les causes d'annulation du brevet le fait que celui-ci n'ait pas été délivré à une personne qui y aurait eu droit (art. 138). Voici une nullité qui sanctionne, non pas un vice intrinsèque du droit, mais une mauvaise attribution de celui-ci. La construction n'est pas très satisfaisante d'un point de vue intellectuel.

On ne peut l'ignorer d'un point de vue pratique quand notre Code dit que « la nullité du brevet européen est prononcée en ce qui concerne la France par décision de justice pour l'un quelconque des motifs visés à l'article 138, paragraphe 1, de la Convention de Munich » (art. L. 614-12 al. 1er CPI). *Quid* de l'articulation des deux systèmes ?

Lire aussi

- André M.-E., « Inventions de dirigeants sociaux », *J.-Cl. Brevets*, fasc. 255, 1993
- Gridel J.-P., *Les inventions de salariés à l'épreuve de la loi du 13 juillet 1978 et du 4 septembre 1979,* LGDJ, 1980
- Mousseron J. M. et Schmidt J., « Les créations d'employés », *Mélanges Mathély,* Litec, CEIPI, 1990, p. 273
- Mousseron M., *Les inventions de salariés,* Litec, 1995; « Inventions d'employés », *J.-Cl. Brevets*, fasc. 250, 1992; « Le contentieux des inventions de salariés », *Dossiers Brevets,* 1994, III
- Reboul Y., *Les contrats de recherche,* Litec, 1978
- *Varii auctores, Les inventions d'employé,* Litec, CEIPI, 1980

Chapitre IV
La procédure d'obtention du brevet

Le brevet fait l'objet d'une délivrance, terme ambigu qui pousse les non-spécialistes à trouver aujourd'hui encore au brevet un parfum des vieux privilèges d'Ancien Régime mais qui, en réalité, traduit seulement que le droit de brevet, répondant à des conditions objectives légalement définies (v. chap. III), n'est reconnu qu'au terme d'une procédure qui permet de vérifier que celles-ci sont bien réunies.

En vérité, il faudrait parler de diverses procédures car, si la demande doit toujours répondre aux mêmes exigences de base (section 1), aujourd'hui il ne faut pas considérer la seule procédure nationale traditionnelle (section 2) mais aussi à tout le moins la procédure européenne issue de la Convention de Munich dite sur le brevet européen (section 3), la demande PCT (v. chap. I, section 1, II, A, 1) bien spécifique étant ici laissée de côté (*cf.* art. L. 614-17 et s. CPI). Cela implique en tout cas l'existence de passerelles entre procédures dont on dira un mot (section 4). Le rejet de la demande vient naturellement sanctionner le non-respect des diverses règles posées mais, le titre ayant pu être délivré à tort en méconnaissance des exigences de forme légales, il ne faut pas omettre non plus la possibilité d'une action en annulation fondée cette fois-ci sur des considérations de forme (comp. quant aux conditions de fond de brevetabilité chap. II, section 6) (section 5).

Section 1
La demande

De procédure à procédure, il existe très naturellement des **différences**. Ainsi, s'agissant d'une demande française, celle-ci doit être déposée au siège parisien de l'INPI, dans l'un de ses centres régionaux ou encore, en dehors de Paris, à la préfecture. La demande européenne doit en principe être déposée au siège de l'OEB à Munich ou à son département de La Haye mais elle peut l'être encore auprès de l'office national d'un État membre comme l'INPI; encore faut-il noter que le Code français impose au déposant qui a son domicile ou son siège social en France et qui « ne revendique pas la priorité d'un dépôt antérieur en France » de former sa demande auprès de l'INPI. De même, la langue de la demande est le français en France, alors que dans la procédure européenne ce peut être l'une des trois langues officielles: allemand, anglais ou français. De même encore, puisqu'en France peut être demandé non seulement un brevet d'invention *stricto sensu* mais aussi un certificat d'utilité (v. *infra,* section 2 ainsi que chap. V, section 2, I) il faut préciser quel est l'objet exact de la demande, ce qui n'a pas lieu dans une procédure européenne qui ne connaît que les brevets.

Nous nous attacherons cependant davantage aux points communs, soulignant en préliminaire que le droit naît avec la demande (sous réserve évidemment de délivrance ultérieure) (v. *infra,* chap. V, section 2, I). En la forme, les exigences communes que l'on peut recenser traduisent des impératifs fondamentaux de la technique du brevet.

À cet égard, la demande apparaît comme devant être à la fois structurée (I) et cohérente (II).

I - Une demande structurée

Une demande de brevet doit être présentée suivant une certaine structure (art. L. 612-1 et s. et R. 612-1 et s. CPI; art. 75 et s. CBE) qui va permettre non seulement d'identifier intellectuellement (techniquement) l'invention que le demandeur entend protéger mais encore fixer très précisément l'objet de sa propriété.

L'article R. 612-3 CPI en donne l'ordonnance :

« La demande de brevet comprend une requête en délivrance de brevet dont le modèle est fixé par décision du directeur général de l'Institut national de la propriété industrielle à laquelle sont annexés :

1) une description de l'invention, accompagnée le cas échéant de dessins ;

2) une ou plusieurs revendications ;

3) un abrégé du contenu technique de l'invention ;

4) le cas échéant, une copie des dépôts antérieurs dont des éléments sont repris dans les conditions prévues à l'article L. 612-3 ; les éléments repris y sont mis en évidence. »

Nous suivrons le plan qui nous est ainsi offert. Sauf à laisser de côté la copie des dépôts antérieurs qui correspond à une hypothèse bien particulière de priorité dite interne (*cf.* J. Foyer, « Le mirage de la priorité interne », *JCP* 1992, I, 3950).

On ajoutera simplement, avant d'entrer dans le détail des composantes de la demande, que, négativement, celle-ci ne doit pas contenir un certain nombre d'éléments prohibés : « éléments manifestement étrangers à la description de l'invention » ou déclarations dénigrantes à l'égard de produits ou de procédés de tiers (art. R. 612-4 CPI) ; ou encore éléments ou dessins contraires à l'ordre public ou aux bonnes mœurs (bien que cela ne soit pas exactement conforme aux dispositions Adpic qui ne s'attachent qu'à une éventuelle contrariété substantielle de l'invention avec l'ordre public ou les bonnes mœurs).

A - La requête

La requête est l'écrit par lequel le requérant formule sa demande. Elle est signée par lui ou son mandataire.

Elle est établie sur des formulaires dont le modèle est fixé en France par le directeur général de l'INPI. Elle comporte un certain nombre d'énonciations relatives aux demandeurs, aux inventeurs (s'ils sont distincts des premiers), à l'identification du mandataire quand il en est constitué un, elle donne un titre à l'invention qui doit faire apparaître, « de manière claire et concise », la désignation technique de celle-ci (art. R. 612-10 CPI). Elle peut encore inclure des mentions complémentaires non obligatoires, comme, par exemple, l'invocation d'une priorité (art. R. 612-11 CPI).

B - La description et les dessins

L'article R. 612-12 CPI (pour prendre en illustration le texte français) est très détaillé quant à la teneur de la **description**. On y lit:

« La description comprend:

1) l'indication du domaine technique auquel se rapporte l'invention;

2) l'indication de l'état de la technique antérieure, connu du demandeur, pouvant être considérée comme utile pour l'intelligence de l'invention et pour l'établissement du rapport de recherche; les documents servant à refléter l'état de la technique antérieure sont, autant que possible, cités;

3) un exposé de l'invention, telle que caractérisée dans les revendications, permettant la compréhension du problème technique ainsi que la solution qui lui est apportée; sont indiqués, le cas échéant, les avantages de l'invention par rapport à l'état de la technique antérieure;

4) une brève description des dessins, s'il en existe;

5) un exposé détaillé d'au moins un mode de réalisation de l'invention; l'exposé est en principe assorti d'exemples et de références aux dessins, s'il en existe;

6) l'indication de la manière dont l'invention est susceptible d'application industrielle, si cette application ne résulte pas à l'évidence de la description ou de la nature de l'invention. »

« Exposé de l'invention », « intelligence de l'invention »... ces mots peuvent être mis en lumière pour bien montrer ce qu'est la fonction de la description: donner une juste idée de ce qu'est l'invention mais aussi, puisque le brevet ne pourra pas prétendre appréhender plus que celle-ci, tracer le cercle dans lequel doivent nécessairement s'inscrire les revendications (v. ci-après C).

Dans la mesure où le brevet postule la divulgation au public (le breveté se voit réserver « l'accès économique » à l'invention en contrepartie du fait qu'il offre à tous « l'accès intellectuel » à celle-ci), la description est, du point de vue de la philosophie du brevet, un élément clef. Du point de vue pratique, elle est l'instrument même de la diffusion attendue de ce savoir et, à ce titre, doit être « suffisamment claire et complète pour qu'un homme du métier puisse l'exécuter » (art. L. 612-5 al. 1er CPI) Les tribunaux ont été amenés à préciser la notion. Ainsi il fut jugé qu'était suffisante la description « qui permet à l'homme du métier, qui lit le brevet, de réaliser l'invention avec ses connaissances professionnelles normales théoriques et pratiques, auxquelles s'ajoutent celles qui sont citées dans le brevet » (Paris, 4e ch., 29 novembre 1995, *PIBD* 1996, 605, III, 89). Jugé encore que, si la description doit indiquer les modes d'exécution de l'invention, elle n'a pas à s'étendre au résultat (Cass. com. 16 juin *1992 JCP E* 1993, I, 290, n° 16, obs. Burst et Mousseron, *Dossiers Brevets* 1992, III, 2).

Le mode de description peut être adapté à la nature de l'invention. C'est ainsi que si l'invention porte sur un micro-organisme celui-ci doit avoir fait l'objet d'un dépôt auprès d'un organisme habilite (art. L. 612-5 al. 2 CPI). De même, en tant que de besoin, peuvent encore, par exemple, figurer en annexe de la description des extraits de programmes d'ordinateurs ou des listes de séquences de nucléotides (art. R. 613-13 CPI).

Les **dessins** sont un complément souvent utile mais pas obligé. Ils deviennent cependant obligatoires dès l'instant où la description ou les revendications y font référence.

C - Les revendications

Les revendications constituent, avec la description, le cœur de la demande de brevet. L'article L. 612-6 du Code français comme l'article 84 de la Convention sur le brevet européen (CBE) en donnent dans les mêmes termes une définition lapidaire à travers leur fonction: « Les revendications définissent l'objet de la protection demandée ». En d'autres mots, les revendications « fixent » précisément l'objet de la propriété.

Au vrai, une rédaction en deux temps, dont on a dit qu'elle était inspirée d'Aristote (J. Foyer), est préconisée avec préambule et, en second, partie caractérisante (v. art. R. 612-17 CPI). Suivant les textes applicables ainsi que les directives de l'OEB (directives relatives à l'examen pratiqué à l'Office européen des brevets), le préambule mentionne « la désignation de l'objet de l'invention », soit le domaine technique général qui est celui de l'invention, suivi de la mention des « caractéristiques techniques qui sont nécessaires à la définition des éléments revendiqués mais qui, combinées entre elles, font partie de l'état de la technique » (Dir., partie C, p. 19). Selon ces mêmes directives, « la seconde partie ou "partie caractérisante" devrait exposer [...] les caractéristiques techniques qui, en liaison avec les caractéristiques indiquées sous a) (la première partie) sont celles pour lesquelles la protection est recherchée », c'est-à-dire les caractéristiques apportées par l'invention qui viennent compléter l'état de la technique (Dir., partie C, *ibid.*).

Concrètement, il y a tout un art de la **rédaction** des revendications.

L'existence première est qu'« elles doivent être claires et concises » (art. L. 612-6 CPI et art. 84 CBE) – et « se fonder sur la description » (mais nous reviendrons sur ce point: II).

Au-delà, et quant à leur formalisation, si l'on fait parfois état de typologies complexes, il faut admettre, toujours avec les directives de l'OEB, qu'il n'y a que deux types fondamentaux de revendications, « à savoir les revendications portant sur une entité physique (produit, dispositif) et les revendications portant sur une activité (procédé, utilisation) » (Dir., *ibid.,* p. 21). Pour les premières, on aura des formulations du type: « Un mécanisme de direction auquel est intégré un circuit de réaction automatique... », « un vêtement tissé comprenant... »; « un insecticide constitué par X, Y, Z… » ou « un système de télécommunications comprenant plusieurs stations émettrices et réceptrices… » (*ibid.*).

Cela étant, une demande de brevet, et par suite un brevet, contient toujours, de fait, plusieurs revendications. Parfois, une invention ne peut, d'ailleurs, être caractérisée qu'en recourant à des revendications des deux catégories à l'instant indiquées. Mais, même en restant dans le champ du produit ou du procédé, la présence de plusieurs revendications sera (presque) toujours indispensable. Or il peut s'agir de **revendications** « indépendantes » ou « **dépendantes** ». Les revendications indépendantes sont celles qui, chacune, portent sur les caractéristiques essentielles de l'invention. En revanche, est dépendante « toute revendication qui contient toutes les caractéristiques d'une autre revendication » (CBE, règle 29).

La question se pose donc de l'articulation des unes par rapport aux autres. Et, pour parler plus clair, la question précise est de savoir, sachant que l'annulation d'un brevet peut n'être que partielle, comment apprécier la validité d'une revendication qui se trouve dans la dépendance d'une autre. Le contentieux est important. En dépit de quelques décisions divergentes, il semble, toutefois, admis, et ce de manière très raisonnable, que les revendications dépendantes d'une revendication jugée valable ne puissent être déclarées nulles pour défaut de nouveauté ou d'activité inventive (Cass. com. 4 janvier 1994, *JCP E* 1995, I, 471, n° 14, obs. Burst et Mousseron, *PIBD* 1994, 583, III, 167, *Dossiers Brevets* 1994, I, 1, *Rev. dr. propr. int.* 1994, n° 51, p. 55, *RTD com.* 1994, 493, obs. Azéma, approuvant une cour d'appel pour avoir estimé que des revendications dépendantes d'une revendication principale jugée valable « participaient de l'activité inventive de cette dernière et étaient pour cette raison valables » – et décisions subséquentes). Sur l'hypothèse inverse, il n'y a pas de doute : pour les tribunaux, l'annulation de la revendication principale n'a pas d'effet mécanique quant à l'annulation éventuelle de la revendication dépendante (Cass. com. 22 janvier 1991, *PIBD* 1991, 449, III, 259) et il faut donc alors apprécier spécifiquement la validité de ces revendications dépendantes (v. ainsi Paris, 4e ch., 17 mars 1994, *PIBD* 1994, 569, III, 344, *Rev. dr. propr. int.* 1994, nos 55, 42).

D - L'abrégé technique

L'abrégé technique n'est qu'un bref résumé des caractéristiques constitutives de l'invention. Il est obligatoire mais n'a pas d'effets de droit propres. « Il sert exclusivement à des fins d'information technique » (art. 85 *in limine* CBE – formule analogue à l'article R. 612-20 CPI).

II - Une demande cohérente

La demande de brevet présente donc de nombreuses pièces, chacune soumise à des exigences propres, souvent rigoureuses et parfois tatillonnes (I).

Mais la demande n'est pas qu'une juxtaposition d'éléments divers. Elle doit présenter une unité conceptuelle que traduit la règle d'unité d'invention (A) et être conçue de manière telle que les revendications prennent appui sur la description (B).

A - La règle d'unité d'invention

Les deux textes, français et européen, à un mot près (le texte européen parle de « demande de brevet *européen* ») disent la même chose: « La demande de brevet ne peut concerner qu'une invention ou une pluralité d'inventions liées entre elles de telle sorte qu'elles ne forment qu'un seul concept inventif général » (art. L. 612-4 al. 1er CPI et art. 82 CBE).

À dire vrai, pour traditionnelle que soit la règle, on ne sait pas exactement quel est son fondement: souci fiscal (afin d'éviter que les demandeurs, pour échapper au paiement des taxes, ne regroupent artificiellement des demandes sans lien réel)? Souci « pédagogique » (afin qu'un même titre ne regroupe pas des éléments hétérogènes)? Le fait est que la règle donne une particulière cohérence aux demandes de brevet. Celles-ci peuvent comporter plusieurs revendications, même indépendantes, comme il a été dit (*supra,* I), mais doivent toutes participer du même concept. Il le faut, mais aussi, comme l'a dit la cour de Paris, il suffit, lorsque la demande concerne une pluralité d'inventions que celles-ci soient liées entre elles de telle sorte qu'elles forment une seule invention ou un seul concept inventif générai (Paris 18 mai 1981, *PIBD* 1981, 283, III, 147, *Dossiers Brevets* 1981, IV, 3).

Reste à caractériser la notion même de « concept inventif général »: pour l'OEB, celui-ci renvoie à « ce qui existe en commun » entre différents enseignements proposés individuellement dans une demande de brevet (OEB, CRT 19 décembre 1990, W 6/90, 3.3.2., *JOOEB* 1991, 438).

Les directives de l'OEB sont prolixes d'exemples (directives précitées, p. 35 et s.). Car passer de l'abstrait au concret n'est pas forcément aisé. C'est ainsi que, sous le « chapeau » du concept unique, pourraient, suivant ces directives, être accueillies dans la même demande « (en addition à) une revendication indépendante pour un produit donné, une revendication indépendante pour un procédé spécialement adapté à la fabrication du produit, et une revendication indépendante pour l'utilisation de ce produit », exemple que l'on retrouve dans les mêmes termes à l'article R. 612-19 1° du Code français. C'est ainsi encore que fut jugé, sur un cas réel, qu'il y avait unité d'invention entre une revendication ayant pour objet l'utilisation d'une substance ou d'une composition pour la préparation d'un médicament destiné à une application spécifique (seconde application thérapeutique) et une revendication ayant pour objet une composition pharmaceutique contenant la substance en cause (première application) (OEB, CRT 12 juillet 1990, W 13/89, 3.3.2.).

« Toute demande qui ne satisfait pas aux dispositions [posant la règle de l'unité d'invention] doit être divisée dans le délai prescrit » (cela pour citer le texte français: art. L. 612-4 al. 2 CPI) et quand la règle n'est pas respectée « un délai est imparti au demandeur pour diviser sa demande ou limiter ses revendications »

(toujours référence faite au texte français: art. R. 612-33 CPI). Chaque demande doit alors obéir en propre aux règles que nous venons d'examiner. Et « faculté est ouverte au demandeur:
— soit de reprendre dans chaque demande divisionnaire le contenu de la demande initiale, sauf à limiter les revendications au seul objet de la demande divisionnaire;
— soit de limiter la description, les revendications et les dessins de chaque demande divisionnaire à son seul objet; dans ce cas, ceux-ci ne contiennent, outre les textes, les revendications et les figures extraits respectivement de la description, des revendications et des dessins de la demande initiale, que les phrases de liaison et d'explication nécessaires à la clarté de l'exposition » (art. R. 612-35 al. 2 CPI).

B - La règle selon laquelle les revendications se fondent sur la description

Une autre manifestation de la cohérence recherchée tient à la règle selon laquelle les revendications se fondent sur la description (art. L. 612-6 CPI et art. 84 CBE). « C'est-à-dire que l'objet de chaque revendication doit se fonder sur la description et que la portée des revendications doit être justifiée par le contenu de la description » (Dir. OEB précitées, partie C, p. 33).

La description permet, comme nous l'avons dit (I), de dévoiler l'invention. Or, selon l'esprit même du droit de brevet, une propriété ne peut être revendiquée à travers les revendications que dans la mesure de ce « dévoilement ». Comme l'OEB a été conduit à le dire, la question de savoir si les revendications se fondent sur la description, comme celle de savoir si une invention a été exposée de manière suffisamment claire et complète, bien que concernant des parties différentes de la demande de brevet, « relèvent du même principe juridique, à savoir que le monopole doit être justifié par l'apport technique de l'invention » (OEB, CRT 18 mars 1993, T 409/91, 3.3.1., *Gazoles c/ Exxon, JOOEB* 1994, 653). Accès économique réservé contre accès intellectuel ouvert à tous…

La conséquence pratique est que n'est pas protégé ce qui est revendiqué et non pas décrit ou ce qui est décrit et non pas revendiqué (Paris 6 juillet 1978, *Dossiers Brevets* 1978, III, 1; 28 janvier 1980, *Dossiers Brevets* 1980, VI, 2; 6 février 1980, *PIBD* 1980, 260, III, 127, *Dossiers Brevets* 1980, VI, 1; etc.).

Les procédures de délivrance seront l'occasion de contrôler tout cela.

Section 2
La procédure française

Dans le vieux régime français de 1844, la délivrance était l'issue automatique de la demande de brevet et le brevet français n'avait pas grande réputation. La réforme de 1968 (v. chap. I) devait sensiblement modifier la règle du jeu en conférant un pouvoir d'intervention à l'administration et en permettant au déposant lui-même de participer à une procédure désormais dynamique. Celui-ci peut, de la sorte, retirer sa demande (art. R. 612-38 CPI), la modifier notamment en déposant de nouvelles revendications dans le cadre de la procédure de recherche documentaire (qui sera évoqué ci-après: art. L. 612-13) ou la transformer en demande de certificat d'utilité (formule déjà évoquée *supra,* section 1 *in limine).* Il en résulte une procédure passablement complexe.

À s'en tenir aux grandes lignes et pour l'essentiel aux brevets *stricto sensu,* on peut parcourir cette procédure présentement suivie en France devant l'INPI en la scindant en deux phases d'instruction (I) et de délivrance (II).

I - La phase d'instruction

Cette phase d'instruction comporte elle-même plusieurs étapes: examen par les services de la défense nationale (A); « examen technique » (B); établissement du rapport de recherche (C); publication de la demande enfin (D) – encore que la chronologie de ces deux dernières étapes puisse être inversée.

A - L'examen par les services de la défense nationale

« Le ministre chargé de la défense est habilité à prendre connaissance auprès de l'institut national de la propriété industrielle, à titre confidentiel, des demandes de brevet » (art. L. 612-8 CPI).

Il s'agit, pour celui-ci (pour ses services), d'apprécier si l'invention présente un intérêt pour la défense et, si tel est le cas, de prendre la décision qui lui semble bonne : expropriation (art. L. 613-20 CPI) ou obtention d'une licence d'office (art. L. 613-19 CPI). De fait, ces prérogatives sont rarement utilisées.

De son côté, le déposant est astreint, pendant cette période et « aussi longtemps qu'une autorisation n'a été accordée à cet effet », au plus rigoureux secret (art. L. 612-9 CPI) au point qu'il est pénalement sanctionné (art. L. 615-13 CPI). Et la procédure tendant à l'établissement du rapport de recherche (C) ne peut être engagée. L'autorisation de divulgation peut être anticipée ou prorogée mais normalement elle est acquise de plein droit au terme d'un délai de cinq mois à compter du jour du dépôt de la demande de brevet (v. art. L. 612-9 et s.).

B - L'examen technique

La demande de brevet est alors soumise à un examen « minimal » de la part de l'INPI que les directives dénomment « examen technique ». Il s'agit d'un contrôle tant de forme que de fond pouvant conduire à un rejet de la demande (1) aux termes d'une procédure (2).

1 - Les causes de rejet

Le rejet peut être total ou partiel (v. art. L. 612-12 CPI). Un cas particulier de rejet tient au fait qu'invité à le faire, le demandeur n'a pas présenté d'observations ni déposé de nouvelles revendications au cours de la procédure d'établissement du rapport de recherche (art. L. 612-12 90 CPI). À ce stade-ci, le rejet peut être motivé pour des raisons d'irrégularité de la demande ou en raison d'un défaut de brevetabilité.

Rejet tenant à l'irrégularité de la demande: ces causes de rejet sont énumérées à l'article L. 612-12, 1° à 3°, 6° et 8° ainsi qu'aux articles R. 612-45 et s. CPI. Il peut s'agir du non-respect de règles essentielles précédemment examinées comme celles de l'unité d'invention (art. L. 612-12 2° et 3°) ou du nécessaire support des revendications par la description (art. L. 612-12 8°) comme du simple non-respect des exigences de présentation formelle (art. L. 612-12 1°).

Rejet tenant à un défaut de brevetabilité: l'INPI peut rejeter pour défaut de brevetabilité, mais la tradition d'une pratique de délivrance automatique explique sans doute que son pouvoir de rejet soit limité à des cas de défaut *manifeste* de brevetabilité. Est ainsi susceptible d'être rejetée la demande: « qui a pour objet une invention manifestement non brevetable en application de l'article L. 611-7 » (art. L. 612-12 4°); « dont l'objet ne peut manifestement être considéré comme une invention au sens de l'article L. 611-10, deuxième paragraphe, ou comme une invention susceptible d'application industrielle au sens de l'article L. 611-16 » (5°); « qui n'a pas été modifiée après mise en demeure », « alors que l'absence de nouveauté résultait manifestement du rapport de recherche » (7°). Pratiquement, une création de l'esprit qui ne pourrait être qualifiée d'invention (v. chap. II, section 1), une invention qui serait contraire à l'ordre public ou aux bonnes mœurs (chap. II, section 5), une invention… dépourvue de nouveauté (chap. II, section 2) pourraient, de la sorte, être écartées par l'INPI (pourvu, bien sûr, que le vice fut manifeste).

2 - La procédure de rejet

Les prévisions du Code varient selon que le rejet projeté se fonde sur telle ou telle cause et qui veut entrer dans les détails doit se reporter aux textes (art. R. 612-45 et s. CPI).

Toutefois, la structure d'ensemble de la procédure reste toujours la même. Le premier temps consiste en une notification d'irrégularité. Un second temps s'ouvre qui est, pour le demandeur, celui d'une possible régularisation ou, selon le cas de figure, l'occasion de présenter des observations. Enfin, en fonction de la réaction de ce demandeur, intervient ou non la décision de rejet. Bien sûr, le schéma peut être plus élaboré; par exemple, si le demandeur a été invité à modifier une demande divisionnaire, pour le cas où les observations qui l'aurait présenté ne seraient pas « retenues » « notification lui est faite » et « dans le cas où la modification de la demande divisionnaire n'est pas effectuée dans le nouveau délai qui lui est imparti, la demande est rejetée » (art. R. 612-47 CPI).

En toutes hypothèses, la décision de rejet est susceptible de recours devant les cours d'appel compétentes (v. chap. I, section 2).

C - L'établissement du rapport de recherche

La délivrance n'étant plus, comme dans le passé, quelque chose de mécanique, la procédure de délivrance comporte une recherche documentaire. Elle est réservée aux brevets *stricto sensu* et donc n'existe pas quand il s'agit de certificat d'utilité (l'idée qui a présidé à l'institution de ces « petits titres » ayant, d'ailleurs, été d'octroyer une protection de durée réduite en contrepartie d'un allégement de la procédure de délivrance). C'est en 1968 que fut introduite cette recherche par l'instauration d'un « avis documentaire » devenu, depuis lors, « rapport de recherche » (la différence entre les deux instruments tenant au fait qu'il n'y a pas dans le rapport d'appréciation de l'INPI sur la pertinence des documents cités à l'opposé de ce qui se faisait avec l'avis documentaire).

Dès levée du secret (A), l'administration procède d'office à la recherche prévue (art. L. 612-14 et 612-9 CPI). Le demandeur peut, cependant, demander que celle-ci soit différée à dix-huit mois du dépôt, conservant toujours alors la faculté de revenir à tout moment sur cette option et de requérir l'établissement du rapport (art. L. 612-15 CPI). Il doit, d'ailleurs, le faire avant d'agir en contrefaçon (même texte). À compter de la publication de la demande (D), tout tiers peut aussi requérir l'établissement du rapport.

Selon les textes, la recherche consiste en une « recherche sur les éléments de l'état de la technique qui peuvent être pris en considération pour apprécier, au sens des articles L. 611-11 et L. 611-14, la brevetabilité de l'invention » (art. L. 612-14 al. 1er CPI).

Elle est effectuée pour le compte de l'INPI par le département de recherche de l'OEB de La Haye. Au vu des résultats, l'examinateur de l'INPI rédige un rapport de recherche préliminaire qui cite les documents en relation avec les revendications concernées. En l'absence d'antériorités révélées, le brevet peut être délivré immédiatement. Si, au contraire, des antériorités sont relevées, le déposant peut présenter des observations ou modifier ses revendications. Mais, le rapport n'ayant pas d'effet de droit, pourvu que le demandeur ne soit pas resté passif (car alors il s'exposerait au jeu des dispositions de l'article L. 612-12 7° ou 9° CPI), l'INPI doit délivrer le titre, même en présence d'antériorités.

Le projet est publié avec la demande (ci-après D) et, s'il n'est pas encore établi à cette date, dès notification au demandeur (art. R. 612-62 CPI). Les tiers peuvent présenter des observations (art. R. 612-63 CPI). Le rapport peut être « complété à tout moment » (art. R. 612-65 CPI).

Enfin, le rapport de recherche est « arrêté ». « Le rapport de recherche est arrêté au vu du rapport de recherche préliminaire en tenant compte, le cas échéant, des revendications déposées en dernier lieu, des observations éventuelles du demandeur déposées à l'appui des revendications et des observations des tiers » (art. R. 612-67 al. 1er CPI). Il restera, bien que sans effet de droit comme on l'a dit, un *élément d'information* majeur.

D - La publication de la demande

Le brevet, comme on le sait, postule la publicité. La demande, avant même que le titre définitif ne le soit, sera publiée. Elle le sera automatiquement à l'expiration d'un délai de dix-huit mois à compter du dépôt de la demande ou de la date de priorité étrangère.

La publication consiste en la mise à disposition au public du dossier de la demande.

II - La phase de délivrance

Il ne reste plus qu'à délivrer le brevet: « Après l'accomplissement de la procédure prévue aux articles L. 612-14 et L. 612-15, le brevet est délivré » (art. L. 612-17 al. 1er CPI).

Il l'est « au nom du demandeur », « par décision du directeur général de l'Institut national de la propriété industrielle » (art. R. 612-71 CPI). Notification est faite au demandeur, celle-ci accompagnée d'un exemplaire certifié conforme du brevet, et mention de la délivrance intervient au *Bulletin officiel de la propriété industrielle (BOPI)*.

Cette délivrance fixe le contenu du titre (du moins jusqu'à une éventuelle instance en annulation qui le remettrait totalement ou partiellement en cause) qui se présente, en la forme, comme un instrument complexe: « Tous les titres délivrés comprennent la description, s'il y a lieu les dessins, les revendications et, s'il s'agit d'un brevet, le rapport de recherche » (art. L. 612-17 al. 2 CPI).

Le titre lui-même est publié et tenu à l'INPI à la disposition du public.

Section 3

La procédure européenne

La procédure européenne est une procédure de délivrance contrôlée.

Elle n'est pas construite selon le même schéma que la procédure française même s'il est naturel qu'on retrouve une phase d'instruction (I) et une phase de délivrance (II). La simple présence d'une possible troisième phase d'opposition (III) manifesterait, d'ailleurs, s'il était besoin, son originalité.

I - La phase d'instruction

C'est au stade de l'instruction que se marquent les différences avec la procédure interne. Bien sûr, l'OEB, comme l'INPI pour la France, procède à toute une série d'investigations et le demandeur tient un rôle actif. Mais le découpage n'est pas le même ni même tout à fait l'esprit.

On rappellera que la demande européenne doit être formée auprès de l'INPI lorsque le déposant a son domicile ou son siège en France et qu'il ne revendique pas la priorité d'un dépôt antérieur en France (v. section 1 *in limine)*. Les demandes ainsi formées sont alors soumises aux mêmes règles de mise au secret dans l'intérêt de la défense nationale (art. L. 614-3 et s. CPI) que les demandes de brevets français (v. *supra,* section 2, I, A).

Cette première phrase, française, acquise, se succèdent alors plusieurs phases proprement européennes: examen lors du dépôt (A); examen « quant à certaines irrégularités » (B); établissement du rapport de recherche (C); publication de la demande (D); examen final (E).

A - L'examen lors du dépôt

C'est un premier examen succinct destiné à savoir si le dépôt peut être reçu, si les taxes ont été acquittées... et dont le propos est plus salvateur que sanctionnateur (art. 90 CBE).

B - L'examen « quant à certaines irrégularités »

Cet examen est le prolongement du premier. « Si une date de dépôt a été accordée », la section de dépôt de l'OEB procède encore à un certain nombre de vérifications formelles: constitution du mandataire, désignation de l'inventeur, respect des exigences de forme imposées, présence des dessins, etc. (art. 91 CBE). Le même souci de « sauver » la demande se retrouve ici, la section de dépôt qui constate des irrégularités devant donner au demandeur, quand cela est possible, « la faculté de remédier à ces irrégularités ».

C - L'établissement du rapport de recherche

Vient alors comme dans la procédure française l'établissement du rapport de recherche (art. 92 et règles 44 et s. CBE). La recherche est menée dans les mêmes conditions (ce qui ne saurait surprendre… puisque la recherche française est assurée par l'OEB: *cf. supra)* et le rapport a même finalité d'information, la division de recherche n'étant investie d'aucun pouvoir de décision quant à la demande. Dès qu'établi, il est notifié au demandeur et accompagné de tous les documents cités.

D - La publication de la demande

La publication intervient « dès que possible après l'expiration d'un délai de dix-huit mois à compter de la date de dépôt ou […] à compter de la date de [de] priorité » (art. 93 10 CBE). Elle comporte la description, les revendications et, le cas échéant, les dessins, tels que déposés, ainsi que le rapport de recherche et l'abrégé pour autant que ces documents sont déjà disponibles, à défaut de quoi ces derniers feront l'objet d'une publication séparée (art. 93-20 CBE).

E - L'examen final

Cet ultime examen suppose nécessairement une requête de la part du demandeur mais il n'est pas libre de ne pas la faire car, s'il l'omettait, sa demande serait réputée retirée (art. 94 CBE). Son objet n'est plus essentiellement formel comme l'étaient les premiers examens mais il est très radicalement de savoir « si la demande de brevet européen et l'invention qui en fait l'objet satisfont aux conditions prévues par la […] Convention » (même texte). Il s'agit donc d'une vérification qui porte tant sur la forme que sur le fond: régularité formelle de la demande, respect de la règle d'unité d'invention, fondement des revendications dans la description... nouveauté, activité inventive...

Cet examen est soumis au principe de contradiction, le brevet européen ne pouvant être délivré que dans un texte recevant l'accord du demandeur et de l'OEB. Si les conditions apparaissent satisfaites, aucune difficulté ne se présente bien sûr. Si tel n'est pas le cas, notification est adressée au demandeur qui est invité à prendre position et éventuellement remédier aux irrégularités relevées. Une sorte de navette s'instaure entre demandeur et office.

II - La phase de délivrance

La demande peut être rejetée. Au cas contraire, le brevet est délivré, dans un texte qui a dû recevoir l'aval du demandeur (art. 97-20 CBE) ainsi que nous venons de le dire. Un autre trait particulier à cette procédure européenne est que le demandeur, sur notification, doit encore produire une traduction dans les deux langues officielles autres que celle suivie lors de la procédure.

Le titre européen prend la forme d'un fascicule contenant description, revendications et éventuellement dessins, ainsi que la liste des États désignés pour lesquels un brevet est sollicité.

Il fait l'objet d'une publicité de la part de l'OEB.

III - La phase d'opposition

Mais cette délivrance et cette publicité ne mettent pas un point final à la procédure. Le mécanisme européen prévoit encore une procédure d'opposition (art. 99 et s. CBE). La Grande chambre de recours de l'OEB a bien précisé que celle-ci tendait, non pas au rejet de la demande, mais à la *révocation* d'un titre par hypothèse délivré. Il est donc d'autant plus important de relever que l'opposition « affecte (le) brevet dans tous les États contractants dans lesquels il produit ses effets » (art. 99-2° CBE).

ment claire et complète pour qu'un homme du métier puisse l'exécuter » ou « si son objet s'étend au-delà du contenu de la demande telle qu'elle a été déposée ou, lorsque le brevet a été délivré sur la base d'une demande divisionnaire, si son objet s'étend au-delà du contenu de la demande initiale telle qu'elle a été déposée » (art. L. 613-25 CPI) (là-dessus, v. *supra,* section 1, II).

Lire aussi

- Boucourechliev J. et Mousseron J. M., *Les brevets d'invention, Rédaction et interprétation,* PUF, 1973
- Devésa P., « Brevet européen, Demande », *J.-Cl. Brevets,* fasc. 4460, 1995; « Instruction de la demande », *ibid.,* fasc. 4470, 1995
- Leherte G. et Van Leeuwen H.-B., *Guide pratique de la protection des inventions,* Litec, 1991, *passim*
- Mousseron J. M., *Traité des brevets,* Litec, tome 1, 1983 (développements sur la procédure)
- Mousseron M., « Le traitement de la demande française de brevet », *J.-Cl. Brevets,* fasc. 265, 1988
- Reboul Y., « Demande de brevet français », *J.-Cl. Brevets,* fasc. 260, 1988
- M. Saint-Raymond, « Les revendications de brevet », *RD propr. intell.* 1994, n° 51, p. 51

Chapitre V
Le contenu du droit de brevet

Le droit de brevet s'exerce sur une invention. Il confère à son titulaire un monopole sur celle-ci. Il se traduit par une série d'actes que la loi détaille soigneusement. Voilà pour ce que nul ne discute et qui peut déjà à suffisance permettre de « dessiner » concrètement ce que recouvre la notion de droit de brevet : celui-ci réserve ainsi à son titulaire la faculté de fabriquer le produit breveté et de le mettre sur le marché, la faculté d'utiliser le procédé breveté... Il autorise en symétrique ce même titulaire à agir contre les tiers qui prétendraient fabriquer, commercialiser, utiliser... À cet égard, le brevet se dessine à travers l'action en contrefaçon (v. *infra,* chap. VI) qui en assure la sanction.

Mais quand il s'agit de théoriser, ou, si le mot fait peur, de donner de ce droit une lecture cohérente qui dépasse la simple description, l'unanimité n'est plus parfaite. En réalité, les spécialistes de la matière sont d'accord pour considérer que ce droit sur une invention n'est autre qu'un **droit de propriété** s'appliquant à cette invention, opinion que nous ferons nôtre. Mais la vérité nous oblige à dire que cette analyse est en butte à diverses critiques, d'ailleurs contraires. Droit de propriété sur une invention (section 1), le droit de brevet paraît, en tout cas, une remarquable application ou illustration, comme on voudra, de la théorie de Josserand sur la finalité sociale des droits, en tant qu'il apparaît comme un droit finalisé (section 2).

Section 1
Un droit de propriété sur une invention

Pour dire d'un droit qu'il constitue un droit de propriété, encore faut-il s'accorder sur ce qu'on doit entendre par propriété. De récentes et savantes théories, pour stimulantes qu'elles soient pour l'intellect, ne facilitent pas les choses, notamment quand elles font de ce droit réel peut-être le plus personnel des droits. Ne les facilite pas non plus cette inclination de certains auteurs à qualifier de propriété tout ce qui relève (ou presque) d'un certain pouvoir – on parlera d'« exclusivisme » –, en tant que, si la qualification est dans cette optique aisément acquise, elle n'a guère d'intérêt, se perdant dans la banalité. Dans une conception plus traditionnelle, que d'aucuns jugeront trop traditionnelle, mais qui semble bien être encore celle des meilleurs auteurs pour caractériser la propriété, on s'attachera aux prérogatives usuellement reconnues au propriétaire: *usus*, *fructus*, *abusus*.

Le « modèle » de la propriété est ainsi aujourd'hui fortement perturbé. Reste que la maîtrise qui est celle du breveté sur l'invention paraît bien positivement présenter les traits d'une propriété, de quelque manière qu'on entende cette notion (I) et, négativement, ne s'écarte pas de ce schéma, quoiqu'en prétendent certains (II).

I - Un droit conforme au modèle de la propriété

Le droit de propriété est encore défini par nos savants collègues Malaurie et Aynès dans des termes reçus comme un pouvoir sur la chose, constitué d'un « ensemble complet de prérogatives qui lui permettent d'en tirer toutes les virtualités » et dont les « principales manifestations sont *l'abusus, l'usus* et le *fructus* », ceux-ci ajoutant: « Mais, comme le fait le Code civil (art. 544), il est plus exact de distinguer deux droits: le *jus abutendi* (le droit de disposer), le *jus utendi et fruendi* (le droit d'user de la chose et d'en percevoir les fruits) » (Ph. Malaurie et L. Aynès, « Les biens », *Defrénois*, 2003, n° 432).

Pouvoir sur la chose, faculté d'en « tirer les virtualités »... Si l'on veut bien considérer que la chose est ici l'invention (pour la critique qui peut être adressée à cette idée et la réponse à faire à cette critique, v. II), le titulaire du droit de brevet apparaît bien indiscutablement comme investi des droits de jouissance et de disposition de cette invention, en cette forme exclusive qui fait la (vraie) propriété.

Pour ce qui est du *jus utendi et fruendi,* le breveté peut, à l'évidence, « user » de l'invention brevetée, c'est-à-dire l'exploiter, et en tirer profit d'une manière ou d'une autre: par la mise sur le marché du produit breveté, d'un produit dont une composante est sous brevet, du produit obtenu au moyen d'un procédé breveté (quand son brevet est de procédé) ou encore au travers d'une licence ayant, elle, pour objet direct le (droit de) brevet. Sa situation n'est pas en substance différente du propriétaire d'un appartement qui peut l'occuper comme le louer.

Mais, dira-t-on, cet usage n'est pas pour le breveté exclusif car la logique du brevet veut tout au contraire que ce breveté fasse connaître au public la teneur de son invention dont la connaissance est ainsi partagée par tous (là-dessus, v. notamment Introduction et chap. IV). Le point n'est pas discutable mais l'argument n'est pas pertinent. Le propos du brevet est de « réserver » à un seul, le breveté, le bénéfice économique de l'invention et de ne réserver que ce bénéfice, il laisse précisément de côté l'accès intellectuel à l'invention (voir en particulier sur ce « jeu » entre « accès économique » et « accès intellectuel »: J. M. Mousseron et M. Vivant, « Les mécanismes de protection (de l'information) et leur dialectique: le « terrain » occupé par le droit », *Cahiers de droit de l'entreprise* 1988/1, p. 2).

On ne saurait donc tirer argument de ce que le droit de brevet n'assure d'exclusivité que sur l'usage économique de l'invention pour dire qu'il n'est pas réellement exclusif! Il assure tout simplement l'exclusivité sur ce à quoi il prétend s'appliquer.

Les mêmes choses peuvent être dites du *jus abutendi.* Le breveté peut abandonner son droit sur l'invention en renonçant à son brevet (ce qu'il fait en cessant d'acquitter les taxes qu'il doit à l'INPI) ou en transférer la propriété, au premier chef par un contrat de cession. Il est, cette fois-ci, dans une situation analogue à celle du propriétaire d'une chose corporelle mobilière qui peut l'abandonner ou la vendre. Et si l'on devait observer que, par exemple, après abandon du droit sur l'invention, celle-ci resterait intellectuellement à la disposition de tous, la réponse devrait être du même ordre que celle précédemment faite: le droit de brevet ne concerne que l'usage économique de l'invention, ce n'est que lui qui peut disparaître ou être cédé.

Sans doute encore, le fait que la renonciation au droit se manifeste par le non-paiement de taxes, ce qui suppose que la survie du droit dépend du paiement de ces taxes, peut être interprété comme le signe que le droit de brevet ne peut être ramené au schéma commun. L'existence d'une propriété n'est pas tributaire de l'acquittement ou du non acquittement de taxes. Sans doute. Mais il faut bien avoir conscience que l'État français comme *tous* les autres États qui suivent tous la même pratique ont trouvé là une source de rentrées fiscales. De ce que les États aient choisi de ponctionner les acteurs économiques, on ne saurait tirer aucune conséquence sur le terrain de la qualification juridique. N'y aurait-il aucune taxe à acquitter, l'analyse menée resterait très exactement la même. C'est là ce qui importe.

Le droit dit de brevet est bien un droit qui permet d'exploiter, de tirer profit et de disposer d'une invention de manière exclusive pour autant que l'on considère ses utilités économiques. C'est bien, en un mot, un droit de propriété. Ce droit – si l'on veut une « lecture » plus moderne – dont la caractéristique « est de rassembler toutes les possibilités d'agir sur une chose, de les cumuler, pour laisser son bénéficiaire sans concurrent direct » (Ch. Atias).

On ajoutera que l'existence de listes venant dire ce que le breveté peut interdire aux tiers n'a dès lors qu'un objet et un intérêt techniques. Quand l'article L. 613-3 CPI pose ainsi que « sont interdites [...] la fabrication, l'offre, la mise dans le commerce, l'utilisation ou bien l'importation ou la détention aux fins précitées du produit objet du brevet... », il ne fait que traduire un impératif pratique qui est de donner un tour concret à ce que peut être la maîtrise d'une « chose » immatérielle comme une invention. Quand la chose est corporelle, le propriétaire est seul fondé à « mettre la main » sur elle et il peut interdire à tout tiers semblable geste. Il n'est pas vraiment besoin de texte pour l'établir. Mais quand la chose est, comme ici, incorporelle, il faut préciser, outre ce qu'elle recouvre exactement (ce à quoi s'emploient les revendications: v. *supra,* chap. IV), ce qui peut être acte de « mainmise », permis ou interdit (et sur ce, v. *infra,* chap. VI), car il est clair qu'il ne reste de la « mainmise » que l'image.

II - Un droit non contraire au modèle de la propriété

Il reste l'image: c'est moyennant un léger effort d'abstraction (qui ne devrait inquiéter aucun juriste) que nous sommes arrivés à l'idée que les caractéristiques reconnues au droit de propriété se retrouvaient pleinement dans le « droit de brevet ». Il faut aller plus loin et se demander si d'autres traits, jusqu'à présent négligés, du droit de brevet ne seraient pas de nature à nous obliger à revenir sur ces conclusions. C'est que de tels arguments ont été utilisés, mettant l'accent selon les cas, tantôt sur la singularité de l'invention comme « objet » du droit, tantôt sur l'effet monopolistique du droit (sur le fait que le brevet est limité dans le temps, v. *infra,* section 2, I). Tous deux, sans que leurs auteurs en aient toujours conscience, participent pour partie d'une même vision de la « nature des choses ».

Pour ce qui est du premier argument, il est bien simple: il consiste à dire que seule une chose corporelle peut être objet de propriété. Pour autant, évidemment, que la règle est posée en dogme, il n'est pas possible de la discuter. Il faut bien constater que l'invention est une « chose » incorporelle. Et il ne reste plus qu'à en tirer la conclusion qu'il ne peut être question de propriété. Mais à garder une autre liberté d'esprit, il est clair qu'il n'est pas possible de s'arrêter là. Quand Dabin présente le droit de propriété intellectuelle comme *« jus in re incorporali »*

(« Les droits intellectuels comme catégorie juridique », *Rev. crit. de législation et de jurisprudence,* 1939, 413), il souligne bien et que ce droit est un *« jus in re »* (l'invention) et que la *« res »* en question est incorporelle. Le refus de tirer toutes les conséquences de ce peu discutable constat s'appuie, en réalité, sur l'idée consciente, inconsciente, inavouée, informulée, qu'il y aurait une propriété naturelle qui porterait sur les choses matérielles, toutes autres prétendues propriétés – contraires à la nature ? – ne pouvant pas réellement mériter la qualification avancée. Sans doute… s'il est une propriété « naturelle ». Mais, faute de savoir ce qu'elle serait, et laissant au lecteur le choix de se référer à son goût à Bossuet, à Marx ou à l'ethnologie contemporaine, nous dirons qu'une société, en un certain état de son développement, peut fort bien choisir de faire d'une valeur immatérielle – ici l'invention – un objet de propriété. Ce serait avoir une bien piètre idée du droit que de ne pas l'admettre.

C'est d'ailleurs dans les mêmes termes que, selon nous, se présente le débat quand est opposé à la qualification menée en termes de propriété le fait que le brevet serait un monopole et ne pourrait être autrement analysé. Dans le passé, d'éminents auteurs (au premier rang desquels Roubier qui parlait de « droit de clientèle ») se sont saisis de ce trait pour ériger le brevet et les autres droits de propriété intellectuelle en catégorie juridique propre. Aujourd'hui, on voit plutôt resurgir la critique dans une perspective hyperlibérale qui dénonce l'effet de réservation d'un marché qui est celui du brevet (ce qui n'est guère discutable car tel est précisément le but recherché) et répond à l'argument selon lequel toute propriété est constitutive d'un monopole, qu'il est dans la nature des choses qu'il en soit ainsi quand le bien est corporel mais que la situation devient artificielle quand le bien, incorporel, a vocation naturelle à être à la disposition de tous. Où l'on retrouve la nature. Et où nous redirons que nous ne savons guère ce qu'est cette « nature des choses » et pourquoi le droit ne devrait en être que le reflet.

En réalité, le brevet, qui est un instrument juridique, présente toutes les caractéristiques *juridiques,* jusques et y compris son caractère de monopole, qui permettent de le faire qualifier d'un strict point de vue technique de droit de propriété. Qu'il soit, au final, bon ou mauvais, qu'en particulier le principe même d'un tel monopole puisse être discuté, c'est autre chose et il faut prendre la critique pour ce qu'elle est: de politique économique et, *lato sensu,* sociale (sauf à relever ce curieux paradoxe qu'il s'agit là d'une critique hyperlibérale menée contre un droit qui ne peut exister vraiment que dans un système libéral).

Le droit de brevet est un droit de propriété ayant pour objet une invention.

Section 2
Un droit de propriété orienté dans sa fonction

Le Code civil voudrait faire croire que, le droit de propriété est un droit absolu. Des pères de l'Église à Josserand et à sa théorie sur la finalité sociale des droits, les arguments contraires ne manquent pourtant pas et le brevet paraît à cet égard un remarquable exemple de droit « finalisé ».

Le droit de brevet permet d'exploiter une invention mais soucieux d'intérêts divers il ne le permet que pendant un certain laps de temps (I). Pendant ce laps de temps, il oblige, du moins à suivre les principes, le breveté à exploiter (II). Il interdit enfin d'exploiter hors certains canons (III). Il faut concrétiser tout cela.

I - Un droit limité dans le temps

Une originalité du brevet est d'être un droit, sur une chose, limité dans le temps. Certains y ont vu une raison supplémentaire pour ne pas le qualifier de droit de propriété mais il y a ici aussi beaucoup de dogmatisme à ne concevoir la propriété que perpétuelle. De savants travaux ont bien montré que ce lien entre propriété et perpétuité n'avait rien d'inéluctable. Nous ne reviendrons donc pas là-dessus.

Notons ici d'abord un point remarquable, à savoir que le droit de brevet naît avec la demande (quoique, bien sûr, elle puisse être rejetée), ce qui est manifestement important d'un point de vue pratique et, du point de vue théorique, montre que le terme de « délivrance » est trompeur puisque le droit existe… avant délivrance.

Cela dit, à considérer la « fin » du brevet, il faut observer que s'il est une durée normale (A) la cession anticipée du droit est fréquente (B).

A - Durée normale

Durée normale : les **brevets** d'invention *stricto sensu* sont délivrés pour une durée de **vingt ans** à compter du jour de la demande (art. L. 611-2 1° CPI), ce qui est en passe de devenir la règle universelle (ces vingt ans constituant la norme retenue par les accords spécifiques, dits ADPIC, intervenus dans le cadre du GATT en 1994).

Les « certificats d'addition » qui venaient se greffer sur un titre de brevet principal ayant disparu en 1991, il faut encore faire état des « certificats d'utilité » et des « certificats complémentaires de protection ».

Les *certificats d'utilité* sont des sortes de brevets « au petit pied » délivrés sans rapport de recherche (*cf.* chap. IV) qui n'ont qu'une durée de protection de six ans (art. L. 611-2 2° CPI). La brièveté de cette protection est la contrepartie de la légèreté de la procédure. Elle a été voulue sur l'observation que bien des brevets sont abandonnés autour de six ans après qu'ils sont demandés et, quand le législateur a introduit cette innovation dans la loi française en 1968, il escomptait qu'elle séduirait près de 10 % des déposants. En réalité, le système n'a jamais pris et les demandes de certificat d'utilité ont toujours été et demeurent en nombre dérisoire.

Les *certificats complémentaires de protection* relèvent d'une autre logique. Le mécanisme est prévu d'une part par le Code français, d'autre part à l'échelle européenne par le règlement n° 1768-92 du 18 juin 1992 tel que modifié. Ce qui, soit dit en passant, crée quelques problèmes de coexistence. Pour citer le texte français, on y lit : « Les certificats complémentaires de protection rattachés à un brevet [prennent] effet au terme légal du brevet auquel ils se rattachent pour une durée ne pouvant excéder sept ans à compter de ce terme et dix-sept ans à compter de la délivrance de l'autorisation de mise sur le marché » (art. L. 611-2 3° CPI). Un produit pharmaceutique n'est, en effet, commercialisable qu'après qu'a été obtenue une telle autorisation (AMM), ce qui, eu égard à la longueur de la période d'expérimentation et de validation, réduit la durée utile du brevet, des vingt ans théoriques qu'offre le droit commun, à quelques années à peine. Suivant un exemple venu des États-Unis, les industriels de la pharmacie ont ainsi obtenu une prolongation de la protection destinée à compenser la période pendant laquelle aucune exploitation de leur invention ne leur est permise.

Il reste que la protection conférée par le brevet est limitée dans le temps. Cela semble aller de soi. Mais l'on aurait pu imaginer un titre sans borne temporelle. Les patentes de l'Ancien Régime étaient attribuées « pour des temps illimités » et la proposition d'un brevet perpétuel fut encore faite au XIXe. Le choix de ne confier au breveté un droit que pour une certaine durée traduit, en réalité, la recherche d'un certain équilibre entre ses intérêts et ceux de la société. Si déjà il ne peut obtenir un droit sur les utilités économiques de l'invention (*cf. supra,* section 1) qu'en contrepartie de la divulgation qu'il en fait, il ne peut obtenir ce droit, destiné à le rémunérer de son investissement (*cf. supra,* Introduction notamment), que pour le temps (jugé) précisément nécessaire à la rémunération de cet investissement.

B - Cessation anticipée

Le droit de brevet, *stricto* ou *lato sensu,* est limité dans le temps. Il est pourtant fréquent qu'il prenne fin avant son terme légal.

C'est souvent le choix fait par le breveté qui, astreint à payer annuellement des taxes (v. *supra,* section 1, I) qui augmentent d'année en année, et devant le faire dans chaque pays où il a jugé bon de demander un titre, estime, à un certain moment, que la balance entre coûts et avantages ne lui est plus favorable et préfère abandonner tel ou tel de ses brevets nationaux, sinon tous. S'il est des brevets qui sont conservés jusqu'au dernier instant (ainsi des brevets pharmaceutiques ou de l'historique exemple des brevets sur le transistor), cet abandon anticipé est la règle (et vient souvent à l'entour de cinq ans).

Mais il se peut aussi que la cessation anticipée de l'effet du brevet prenne le tour d'une sanction : **déchéance** du titre, répondant à un non-paiement des taxes, mais cette fois-ci jouant contre la volonté du breveté. Dans le principe, les choses sont bien simples : « Est déchu de ses droits le propriétaire d'une demande de brevet ou d'un brevet qui n'a pas acquitté la redevance annuelle prévue [...] dans le délai prescrit » (art. L. 613-22 1° CPI). La déchéance prend effet à la date de l'échéance non acquittée et est « constatée » par une décision du directeur de l'INPI (même article, alinéas 2 et 3).

Est plus intéressant le fait qu'un recours (d'abord devant le directeur de l'INPI lui-même, ensuite si besoin est devant la cour de Paris) est ouvert au breveté qui peut être « restauré » dans ses droits à la condition de justifier d'une excuse légitime (art. L. 613-22 2° CPI). Les décisions tant administratives que judiciaires sont abondantes et permettent de se faire une idée de ce qui a pu être considéré comme relevant de cette « excuse légitime » requise par le texte. Il s'agit souvent d'erreurs, de fait (une mauvaise rédaction du bordereau de règlement par exemple) comme de droit (quand, par exemple, la situation légale est confuse ou que les textes changent à l'excès) ou de perturbations externes (de la grève des postes au cambriolage de l'entreprise) et notamment des défaillances du mandataire choisi par le breveté pour le représenter (à la condition toutefois que le choix n'ait pas été léger ou les instructions mauvaises). La défaillance personnelle du breveté est bien plus difficilement prise en compte : si des difficultés familiales graves ont pu être prises en considération, tel ne fut pas le cas de la désorganisation profonde de l'entreprise du breveté (!) et l'impécuniosité est différemment appréciée. Du droit tempéré par l'équité ? Reste une question qui est de savoir, quand la restauration est obtenue, comment doivent être traités les actes accomplis par des tiers alors que le brevet, déchu, était réputé avoir cessé d'exister. Si la loi de 1968 réservait le droit des tiers, les textes actuels ne disent rien. Il semble raisonnable, toutefois, de ne pas incriminer un acte accompli en un temps où rien n'était incriminable. Du droit, de l'équité mais aussi du raisonnable.

II - Un droit impliquant exploitation

Autre trait original qui fait bien du droit de brevet un droit « finalisé »: ce droit de brevet implique exploitation. Il l'implique en cela que toute une « batterie » de licences forcées, variées, vienne imposer au breveté d'exploiter son invention dans des conditions qui répondent à certains impératifs sociaux.

On citera à cet égard l'article L. 613-16 CPI qui a tout particulièrement valeur d'exemple, valeur « emblématique » dit-on aujourd'hui: « Si l'intérêt de la santé publique l'exige [...], le ministre chargé de la propriété intellectuelle peut, sur la demande du ministre chargé de la santé publique, soumettre par arrêté au régime de la licence d'office [...] tout brevet délivré par: a) un médicament, un dispositif médical, un dispositif médical de diagnostic *in vitro*, un produit thérapeutique annexe; b) leur procédé d'obtention, un produit nécessaire à leur obtention ou un procédé de fabrication d'un tel produit; c) une méthode de diagnostic *ex vivo*: les brevets de ces produits, procédés ou méthodes de diagnostic ne peuvent être soumis au régime de la licence d'office [...] que lorsque ces produits, ou des produits issus de ces procédés, ou ces méthodes sont mis à la disposition du public en quantité et qualité insuffisantes ou à des prix anormalement élevés, ou lorsque le brevet est exploité dans des conditions contraires à l'intérêt de la santé publique [...] »

Voilà une disposition bien rude pour le breveté. Ce n'est pourtant qu'une parmi d'autres car les textes de même esprit sont nombreux (A). Indubitablement, ils n'ont pas, cependant, la portée qu'une lecture un peu « brute » pourrait leur faire prêter (B).

A - La teneur des textes

Les textes mettant en place des mécanismes de licences autoritaires sont nombreux. Pour la raison qu'ils ne sont guère utilisés (v. *infra,* B), nous nous bornerons, sauf exception, à les évoquer rapidement.

Il faut savoir qu'il est ainsi deux catégories de licences susceptibles d'être imposées au breveté : les licences octroyées par l'autorité judiciaire qu'il est d'usage de qualifier de « licences obligatoires » et celles octroyées par l'autorité administrative qu'on dénomme usuellement « licences d'office ».

Les **licences obligatoires** sont au nombre de deux.

Il s'agit d'abord d'une *licence pour défaut d'exploitation,* prévue à l'article L. 613-11 CPI aux termes duquel toute personne peut, trois ans après la délivrance du brevet (ou quatre ans à compter de la demande), obtenir du tribunal de grande instance une licence expressément qualifiée d'obligatoire si, au moment de la requête et sauf excuses légitimes, le titulaire du brevet :

« *a)* n'a pas commencé à exploiter ou fait des préparatifs effectifs et sérieux pour exploiter l'invention…

b) n'a pas commercialisé le produit du brevet en quantité suffisante pour satisfaire aux besoins du marché ».

Le demandeur doit établir qu'il a tenté d'obtenir une licence amiable et qu'il est en état d'exploiter l'invention.

Une exploitation « symbolique » ne saurait suffire et les excuses supposent des obstacles suffisamment graves pour mettre le breveté dans l'impossibilité d'exploiter.

Il s'agit ensuite de la *licence de dépendance* destinée à éviter qu'un brevet en position dominante par rapport à un brevet tout spécialement de perfectionnement ne soit utilisé par son titulaire pour empêcher l'exploitation du second brevet. En effet, le titulaire d'un brevet portant sur un perfectionnement à une invention brevetée ne peut exploiter son invention sans l'accord du titulaire du brevet couvrant l'invention première (le symétrique étant bien sûr vrai). Il fallait donc briser une résistance indue. C'est ce que permet l'article L. 613-15 CPI en reconnaissant au tribunal de grande instance le pouvoir d'accorder au titulaire « d'un brevet portant atteinte à un brevet antérieur » (rédaction de 2004) « une licence [...] dans la mesure nécessaire à l'exploitation du brevet dont il est titulaire et pour autant que l'invention, objet du brevet de perfectionnement, présente à l'égard du brevet antérieur un progrès technique important et présente un intérêt économique certain ».

Cette licence comme la précédente est non exclusive et incessible, les autres modalités sont fixées par le tribunal et les « parties » « contraintes » sont, malgré cette contrainte, considérées comme des donneurs de licence et licencié ordinaires (sauf pour ce qui est de l'épuisement des droits: v. *infra,* 3).

Passant du judiciaire à l'administratif, les **licences d'office** qui viennent compléter le tableau des licences autoritaires sont au nombre de trois (avec une sorte de « *bis* » qui vient se greffer sur la première formule).

C'est d'abord la *licence dans l'intérêt de la santé publique.* Le texte de base, l'article L. 613-16, a été cité plus haut. Son esprit est clair. La procédure n'est indiquée qu'à grandes lignes: la décision de recourir à cette licence procède d'un arrêté du ministre chargé de la propriété industrielle saisi d'une demande du ministre chargé de la santé publique (qui, soit dit en passant, n'a aucun pouvoir propre pour obliger un laboratoire à fabriquer et distribuer un produit, ainsi que le Conseil d'État a été conduit à le souligner). Le ministre compétent peut alors accorder telle licence déterminée à qui en fait la demande (art. L. 613-17 CPI) et qui justifie de sa « qualification » pour exploiter « du point de vue légal, technique, industriel et financier » (art. R. 613-18 CPI). Il en fixe les conditions (art. L. 613-17 CPI), sauf pour ce qui est du prix pour la fixation duquel il est fait renvoi aux parties ou, à défaut, au tribunal de grande instance (même article).

Vient ensuite la *licence dans l'intérêt de l'économie nationale* prévue à l'article L. 613-18 CPI:

« Le ministre chargé de la propriété industrielle peut mettre en demeure les propriétaires de brevets d'inventions autres que ceux visés à l'article L. 613-16 [brevets délivrés pour des médicaments] d'en entreprendre l'exploitation de manière à satisfaire aux besoins de l'économie nationale.

« Si la mise en demeure n'a pas été suivie d'effet dans le délai d'un an et si l'absence d'exploitation ou l'insuffisance en qualité ou en quantité de l'exploitation entreprise porte gravement préjudice au développement économique et à l'intérêt public, les brevets, objets de la mise en demeure, peuvent être soumis au régime de licence d'office par décret en Conseil d'État.

… /…

« Du jour de la publication du décret qui soumet le brevet au régime de la licence d'office, toute personne qualifiée peut demander au ministre chargé de la propriété industrielle l'octroi d'une licence d'exploitation. »

La « qualification » requise doit s'apprécier d'un point de vue technique, industriel et financier (*cf.* ci-dessus) et la licence est nécessairement non exclusive, ses conditions étant fixées par le ministre à l'exception des conditions financières qui, elles, sont posées en cas de besoin par le tribunal de grande instance.

De l'économie en général à une branche économique donnée, de la santé de l'homme à celle de l'animal, un curieux « *bis* » (double *bis* puisqu'il s'agit et d'économie et de santé !) se rencontre encore dans l'article L. 5141-13 du Code de la santé publique relatif aux *médicaments vétérinaires* qui met en place lui aussi un régime de licence d'office, sans préjudice des dispositions de la loi sur les brevets, au cas où « l'économie de l'élevage l'exige ». Nous nous bornerons à cette évocation.

Reste la *licence dans l'intérêt de la défense nationale*. Elle est prévue à l'article L. 613-19 CPI et fait partie de cette « batterie » de dispositions qui ont pour fin les intérêts de la défense. La décision d'avoir recours à cette licence procède d'un arrêté du ministre chargé de la propriété industrielle saisi d'une demande du ministre chargé de la défense. L'arrêté fixe les conditions de la licence, à l'exclusion comme toujours des redevances qui relèvent d'un éventuel arbitrage du tribunal. L'exploitation pouvant être faite par l'État ou « pour son compte », la question se pose de savoir quel est le statut de cet éventuel « sous-exploitant » :

il serait simple d'y voir un sous-licencié (puisque licence il y a) mais on ne peut négliger que, suivant une analyse administrativiste, cet exploitant pourrait fort bien être considéré comme lié à l'État par un lien non contractuel.

Des règles, quelques difficultés, du non-dit : ces textes engagent, toutefois, à s'interroger d'abord sur leur portée.

B - La portée des textes

D'un point de vue théorique, la portée des textes examinés est grande. Elle fait bien du droit de brevet un droit « finalisé » : le brevet permet à son titulaire d'exploiter une invention à l'abri de la concurrence mais s'il bénéficie d'une telle situation privilégiée c'est précisément pour exploiter l'invention, c'est pour autant qu'il exploite celle-ci.

On pourrait voir en cela un nouvel argument à opposer à l'analyse faite du droit de brevet comme droit de propriété. Ce serait toutefois persister dans cette idée fausse que le droit de propriété ne peut qu'être absolu ou n'être pas ; même dans la société qui est la nôtre, il n'est pas interdit de lire ou relire les pères de l'Église.

En vérité, la nature juridique du droit de brevet n'est pas en cause à travers ces dispositions mais celles-ci conduisent à une interrogation sur le droit et les droits en général. Pour ce qui est spécifiquement du droit de brevet, la licence classiquement dite de dépendance a même un intérêt singulier. Car si certains ont craint qu'elle ne favorisât le « pillage » des inventions, elle tend, au contraire, selon le mot du rapporteur de la (future) loi de 1968 au Sénat, M. Marcilhacy, à favoriser « l'accumulation des innovations industrielles ». Du point de vue de la philosophie du brevet, « la licence de dépendance constitue une atteinte [...] aux droits du breveté, mais dans le même temps elle vise à assurer le respect de la fonction qui est celle du brevet, en garantissant à celui qui apporte une amélioration à la société qu'il pourra en tirer profit. Elle se situe dans le courant de ces règles qui, en bousculant le principe (ici le droit du breveté à être seul sur le marché), tendent à préserver l'essentiel et donc ce principe » (J. Foyer et M. Vivant, *Le droit des brevets*, PUF, 1991, p. 387).

Cela dit, **d'un point de vue pratique**, il faut savoir que ces mécanismes ne sont quasiment pas utilisés. La licence pour défaut d'exploitation n'est pas ignorée des praticiens et a ainsi donné lieu à un certain contentieux pour dire que l'importation ne pouvait être assimilée à une exploitation, pour juger de l'instant où des préparatifs sont suffisamment avancés pour qu'on puisse dire qu'il y a exploitation, etc. Mais, en revanche, il n'est pas d'exemple de licences administratives et la licence de dépendance n'a guère plus de réalité. Il est vrai qu'optimiste, on peut toujours dire que le fait que la règle n'ait pas à jouer démontre son efficacité.

Lettre morte ou non, la technique doit, cependant, être conservée. Son utilité peut n'être que marginale, elle existe néanmoins et il est significatif, à cet égard, que les accords relatifs « aux aspects des droits de propriété intellectuelle qui touchent au commerce » (ADPIC), plus haut évoqués (I), aient conservé cette possibilité aux parties prenantes (art. 30) malgré une certaine hostilité des États-Unis qui ont pourtant marqué de leur emprise tout le texte.

III - Un droit centré sur un « objet spécifique »

Orienté, finalisé, le droit de brevet l'est encore en cela qu'il ne peut être exercé en dehors de ce qui est reconnu comme proprement son objet.

Ce peut être là le simple jeu du droit commun: on ne peut abuser d'un droit de brevet tout comme on ne peut le faire d'un autre droit. La vérité pousse à dire, cependant, que cela est plus de l'ordre de la théorie que de la pratique. Dans les faits, l'abus de droit n'est guère sollicité en notre matière; c'est exceptionnellement tel arrêt qui vient sanctionner une légèreté blâmable dans la conduite d'une action en contrefaçon.

Ce sont beaucoup plus les exigences de la libre concurrence, qu'il s'agisse de droit strictement national ou de droit communautaire, qui seront entendus ici. Et plus largement les exigences d'un libre marché : où l'on retrouve le droit de la concurrence communautaire mais aussi, dans ce même registre, les règles relatives à la libre circulation.

Les autorités communautaires ont, en effet, très vite considéré qu'il pouvait y avoir contradiction entre des titres porteurs de monopoles (« titres » en général, car il ne faut pas penser seulement brevet mais aussi marques, obtentions végétales, etc.) et un principe de libre concurrence. Le principe, très tôt posé, fut que les droits de propriété intellectuelle ne sont pas affectés dans leur *existence* par les interdictions des articles 85 et 86 du traité de Rome (aujourd'hui 81 et 82) mais qu'il en va autrement de leur *exercice* pour autant que puisse être caractérisé un accord, décision ou pratique concertée visé aujourd'hui à l'article 81 ou un abus de position dominante tel que visé à l'article suivant (CJCE 29 février 1968, *Parke Davis, Rec.* 82). Jugé, quant à l'article 81, qu'il en allait ainsi, pour un brevet, « chaque fois que l'exercice d'un tel droit apparaît comme étant l'objet, le moyen ou la conséquence d'une entente » (CJCE 31 octobre 1974, *Centrafarm c/ Sterling Drug, Rec.* 1147 et jurisprudence subséquente).

Tel n'est point cependant la norme. La déstabilisation des droits de propriété intellectuelle et donc du brevet par le droit communautaire procéda davantage de la prise de conscience par les autorités communautaires de ce que ces monopoles étaient des monopoles *territoriaux* et que donc, dès l'instant où le territoire de référence était un territoire national, il y avait ainsi contradiction avec la volonté de traiter l'Europe comme un territoire unique.

C'est ainsi que fut imaginé ce qu'on recouvrit du nom de théorie (mais il s'agit plutôt d'une création jurisprudentielle) de l'**épuisement du droit**. La Cour de justice fit sienne (et « européanisa ») cette construction d'origine allemande qui veut qu'un droit de propriété intellectuelle ne puisse plus être invoqué après avoir été normalement exercé. À la question posée de savoir si un titre national pouvait être invoqué, en conformité avec les dispositions de tous les droits nationaux, pour s'opposer à l'importation d'un produit, couvert par le monopole, en provenance de l'étranger, la Cour devait répondre que « l'exercice par le titulaire d'un brevet, du droit que lui confère la législation d'un État membre d'interdire la commercialisation, dans cet État, d'un produit protégé par le brevet et mis dans le commerce dans un autre État membre par ce titulaire ou avec son consentement serait incompatible avec les règles du traité CEE relatives à la libre circulation des marchandises » (arrêt *Centrafarm c/ Sterling Drug,* précité). Autrement dit, si un même produit est protégé par deux brevets parallèles, l'un français, l'autre allemand, impossible d'invoquer en France l'article L. 613-3 CPI (v. chap. VI) pour s'opposer à la pénétration sur le marché français du produit licitement fabriqué en Allemagne quoique le texte dise le contraire. Le bouleversement est important.

Il fallait le justifier. Et cela fut fait par référence à la notion d'« **objet spécifique** ». En matière de brevet, celui-ci fut caractérisé comme étant « notamment d'assurer au titulaire, afin de récompenser l'effort créateur de l'inventeur, le droit exclusif d'utiliser une invention en vue de la fabrication et de la première mise en circulation de produits industriels, soit directement, soit par l'octroi de licences à des tiers » (CJCE 31 octobre 1974, *Centrafarm c/ Sterllng Drug,* précité – et jurisprudence subséquente). On a pu (justement) discuter le vocabulaire utilisé et notamment le terme de « récompense », et l'emploi de l'adverbe « notamment » laisse beaucoup d'imprécision. Il reste que, très clairement, pour la Cour de justice, le brevet confère *d'abord* à son titulaire un double monopole de fabrication (de mise en œuvre de l'invention) et de commercialisation. Il s'en déduit, dans cette optique, que, le breveté, qui a pu fabriquer et commercialiser à l'abri de son titre, ne peut plus prétendre à rien. Il peut certes fabriquer et commercialiser un nouvel objet relevant du même brevet. Mais l'objet déjà fabriqué échappe à l'emprise du breveté et désormais ressortit au seul droit commun. Dans le plan communautaire, cela veut dire qu'il peut librement circuler… et que le breveté ne peut donc s'opposer à une importation qui viendrait le concurrencer (v. ci-dessus).

D'un point de vue pratique, il faut souligner que la première mise en circulation doit avoir été licite: suivant la formule de la Cour, le produit doit avoir été mis sur le marché par le breveté lui-même ou avec son consentement par le canal d'une licence. On observera, toutefois, que la Cour préfère la réalité à la fiction en ne donnant pas un pareil effet aux licences autoritaires qui de fait sont imposées au breveté.

Mais, surtout, à ne pas se satisfaire de ce que la Cour dit ou laisse dire, il apparaît que, finalement, c'est bien cette mise sur le marché qui constitue la. clef de voûte de la construction – bien plus que la notion d'épuisement du droit formellement mise en avant: dans l'affaire *Merck c/ Stephar* (CJCE 14 juillet 1981, *Rec.* 2063), le produit importé venait d'Italie où aucun brevet n'avait pu être délivré (car le droit italien de l'époque sur les données de l'espèce ne le permettait pas) mais la Cour jugea pourtant que dans le pays d'importation le breveté ne pouvait pas s'opposer à ladite importation. En réalité, toute construction intellectuelle sophistiquée laissée de côté, le principe de libre circulation des marchandises est tout simplement (et radicalement) préféré à la défense de la propriété intellectuelle (en ce sens F. Gotzen, cité ci-après en bibliographie), la jurisprudence communautaire apparaît comme l'écho direct de l'arrêt connu en France sous le nom de *« Cassis de Dijon »* suivant lequel une marchandise licitement mise sur le marché d'un État membre doit pouvoir librement circuler sur l'ensemble du marché européen (CJCE 12 décembre 1976, *Rewe Zentral, Rec.* 1289).

On ajoutera que, par un effet de contamination, le droit interne comporte désormais un article sur l'épuisement du droit. « Les droits conférés par le brevet ne s'étendent pas aux actes concernant le produit couvert par ce brevet, accomplis sur le territoire français, après que ce produit a été mis dans le commerce en France ou sur le territoire d'un État partie à l'accord sur l'espace économique européen par le propriétaire du brevet ou avec son consentement exprès », pose l'article L. 613-6 CPI.

Lire aussi

Dans une littérature abondante et spécialement
sur les questions traitées au dernier paragraphe

- Bonet G., « Défense et illustration des droits sur les créations au regard des règles communautaires de concurrence », *RJDA* 1993/3, 173
- Castell B., *L' « épuisement » du droit intellectuel en droits allemand, français et communautaire,* PUF, 1990
- Gotzen F., « La libre circulation des produits couverts par un droit de propriété intellectuelle dans la jurisprudence de la Cour de justice », *RTD com.* 1985, 467
- Kovar R., « Liberté des échanges, droit de brevet et savoir-faire », *J.-Cl. Brevets,* fasc. 4810, 2003
- Mallet-Poujol N., « Propriété intellectuelle et libre concurrence: du jeu de l'article 81 TCE », Commentaire aux *Grands arrêts de la propriété intellectuelle*, Dalloz, 2003, n° 4
- Vivant C. et M., « Propriété intellectuelle et libre circulation: à propos de l'épuisement du droit », Commentaire aux *Grands arrêts de la propriété intellectuelle*, n° 3
- *Varii auctores, L'épuisement du droit du breveté,* Litec, 1971
- *Varii auctores, L'incidence du droit communautaire de la concurrence sur les droits de propriété industrielle,* Litec, 1977

Chapitre VI
La sanction du droit de brevet

Nous l'avons dit (chap. V, *in limine*) : le brevet se dessine à travers l'action en contrefaçon qui en assure la sanction. C'est que, si le brevet réserve à son titulaire la faculté d'accomplir un certain nombre d'actes, les actes de contrefaçon ne sont rien d'autre que ces mêmes actes accomplis par des tiers qui n'ont pas le droit de s'y livrer. Contenu et sanction sont naturellement les deux faces, positive et négative, d'une même réalité et s'éclairent mutuellement. L'action en contrefaçon n'apparaît alors que ce pour qu'elle est (loin des idées reçues qui en donnent une fausse image) : la défense, judiciaire, de cette propriété immatérielle de l'invention que confère le brevet.

Il convient donc d'examiner **la contrefaçon**, en considérant d'une part les actes interdits (et, en symétrique, ceux qui peuvent ne pas l'être) (section 1) et d'autre part la réaction judiciaire à ces actes, c'est-à-dire au premier chef l'action en contrefaçon *stricto sensu* mais sans oublier aussi le foisonnement des procédures connexes de l'importante saisie-contrefaçon à, par exemple, une curieuse action en déclaration de non-contrefaçon (section 2).

Section 1
Les actes de contrefaçon

Si le droit de brevet est un droit de propriété, les actes de contrefaçon sont et ne sont rien d'autre que des actes d'atteinte à ce droit. L'article L. 615-1 CPI, al. 1er, le dit nettement : « Toute atteinte portée aux droits du propriétaire du brevet, tels qu'ils sont définis aux articles L. 613-3 à L. 613-6, constitue une contrefaçon. » De manière plus imagée, il faut voir ces actes comme des **actes d'emprise** sur le « territoire » réservé au breveté par la loi.

Qu'il y ait alors sanction pénale ou non (v. *infra,* section 2) importe relativement peu. Sans doute, la menace d'une sanction pénale n'est-elle pas négligeable en soi. Mais cette dimension n'apporte rien notionnellement et risque même de brouiller l'image de la contrefaçon. Qui plus est, la voie pénale (supprimée en 1978 et curieusement restaurée en 1993) est totalement délaissée par la pratique.

Quid donc de ces actes d'emprise ? Et, comme tout ce qui pourrait être emprise n'est pas interdit, *quid* de ces actes qu'au final la loi tient pour légitimes ?

I - Actes interdits

Les actes réservés au breveté et donc interdits aux tiers sont précisés aux articles L. 613-3 et 613-4 CPI. Ils se répartissent entre les deux articles entre actes d'emprise directe (A) et actes d'aide et d'incitation (à cette « emprise ») (B).

A - Actes d'emprise directe

Ces actes qui sont autant d'« emprises » directes sur le territoire du breveté sont ainsi définis à l'article L. 613-3 CPI :

« Sont interdites, à défaut de consentement du propriétaire du brevet :

a) la fabrication, l'offre, la mise dans le commerce, l'utilisation ou bien l'importation ou la détention aux fins précitées du produit objet du brevet ;

b) l'utilisation d'un procédé objet du brevet ou, lorsque le tiers sait ou lorsque les circonstances rendent évident que l'utilisation du procédé est interdite sans le consentement du propriétaire du brevet, l'offre de son utilisation sur le territoire français ;

c) l'offre, la mise dans le commerce ou l'utilisation ou bien l'importation ou la détention aux fins précitées du produit obtenu directement par le procédé objet du brevet. »

Le texte est lourd et d'une lecture déroutante. Il s'éclaire, pourtant, dès l'instant où l'on considère sa lettre par référence à ce qu'est, dans l'esprit, un acte de contrefaçon. On comprend facilement alors que les actes visés ne sont autres que les **actes d'exploitation** d'un brevet, distribués de manière tripartite : le premier alinéa pour les brevets portant sur un produit ; le second pour les brevets portant sur un procédé ; le troisième encore répondant à cette dernière hypothèse mais dans une optique particulière.

Au-delà d'une glose menée mot à mot, il apparaît vite, pour ce qui est du premier alinéa, que ce qui est sanctionné s'articule autour de deux actes majeurs : l'acte de fabrication et l'acte de mise sur le marché. Mais, pour qui est attentif, le second alinéa n'est que la déclinaison du premier, appliqué à un cas légèrement différent : l'utilisation est pour le procédé (qu'on ne « fabrique » pas) l'équivalent de la fabrication du produit et l'« offre d'utilisation » est bien le moyen de mettre le procédé sur le marché. Quant au dernier alinéa, c'est un moyen de « rattraper » l'usage indu du procédé à travers le produit qu'il a permis d'obtenir. Il serait trop simple, en effet, de prétendre pouvoir commercialiser un produit obtenu en contrefaisant un procédé breveté au motif que le brevet ne couvrirait que le procédé !

L'alinéa 3 l'interdit en disant clairement que l'utilisation contrefaisante d'un procédé breveté rejaillit sur le statut du produit ainsi obtenu, en quelque sorte en le frappant d'illicéité. Est-il besoin d'ajouter que la disposition n'a d'intérêt que si et le procédé et le produit ne sont pas simultanément sous brevets ?

Reste bien sûr à s'interroger sur le sens de chacun des mots utilisés. Selon qu'une portée plus ou moins grande sera assignée à tel ou tel, un acte donné pourra être tenu ou non pour contrefaisant. Nous nous bornerons ici à deux illustrations. C'est ainsi que la *mise dans le commerce* a été définie « comme toute opération matérielle tendant à mettre un produit en circulation, quelle que soit la qualité dans laquelle l'auteur de cette opération l'a effectuée » (Paris, 4e ch., 3 décembre 1985, *PIBD* 1986, 388, III, 130). Il peut s'agir d'une offre de vente *stricto sensu* (TGI Paris 29 novembre 1972, *PIBD* 1973, III, 144) mais aussi de démarchage (Colmar 12 mai *1950, Ann. prop. ind.* 1950, 175), de diffusion de prospectus (T. com. Seine 6 mai 1952, *Ann. prop. ind.* 1952, 252) ou de présentation d'un prototype dans une exposition (TGI Paris 5 janvier 1984, *PIBD* 1984, 348, III, 141, *Dossiers Brevets* 1984, V, 7). En revanche, les tribunaux n'ont pas su s'accorder sur la qualification à donner du transit. Relève-t-il de *l'importation?* On rencontre la réponse positive (Rouen 12 février 1874, *Ann. prop. ind.* 1875, 132) comme la réponse négative (Chambéry 9 mai 1881, *Ann. prop. ind.* 1881, 268; Paris 21 novembre 1907, *Ann. prop. ind.* 1908, 313).

On aura observé enfin que, dans le cas d'offre d'utilisation d'un procédé, le présumé contrefacteur doit avoir été dans une situation ne lui permettant pas d'ignorer qu'il s'agissait d'un acte interdit. Plus loin dans le Code, l'article L. 615-1 al. 3 vient ajouter ceci après avoir indiqué que la contrefaçon engageait (bien sûr) la responsabilité civile de son auteur: « Toutefois, l'offre, la mise dans le commerce, l'utilisation, la détention en vue de l'utilisation ou la mise dans le commerce d'un produit contrefait, lorsque ces faits sont commis par une autre personne que le fabricant du produit contrefait, n'engagent la responsabilité de leur auteur que si les faits ont été commis en connaissance de cause. » Fabricants et importateurs sont, pour eux, contrefacteurs par le simple fait de se livrer à des actes interdits.

B - Actes d'aide et d'incitation

L'article L. 613-4 CPI est un texte curieux qui ne sanctionne pas *stricto sensu* ce que nous avons qualifié d'emprise mais un acte d'aide à cette emprise:

« 1. Est également interdite, à défaut de consentement du propriétaire du brevet, la livraison ou l'offre de livraison, sur le territoire français, à une personne autre que celles habilitées à exploiter l'invention brevetée, des moyens de mise en œuvre, sur ce territoire, de cette invention se rapportant à un élément essentiel de celle-ci, lorsque le tiers sait ou lorsque les circonstances rendent évident que ces moyens sont aptes et destinés à cette mise en œuvre.

2. Les dispositions du 1 ne sont pas applicables lorsque les moyens de mise en œuvre sont des produits qui se trouvent couramment dans le commerce, sauf si le tiers incite la personne à qui il livre à commettre des actes interdits par l'article L. 613-3.

3. Ne sont pas considérées comme personnes habilitées à exploiter l'invention, au sens du 1, celles qui accomplissent les actes visés aux a, b et c de l'article L. 613-3. »

Le texte est curieux puisqu'il incrimine le fait de livrer un produit du domaine public et même plus encore, selon l'alinéa 2, un produit courant. Il s'explique pour des raisons historiques. À l'origine, la contrefaçon était d'abord considérée comme une infraction pénale. Or aider, fournir des moyens, inciter sont autant d'actes qui se situent à la périphérie de l'infraction principale et qu'il n'est pas toujours possible (sinon même parfois franchement impossible) d'analyser en termes de complicité ou de coautorat. À vouloir favoriser la répression, il était plus expédient d'en faire des actes délictueux par eux-mêmes. Ce qui fut fait. La définition de l'acte comme acte de contrefaçon perdura lors même que ce qui l'avait justifié avait cessé d'être.

Ainsi, d'une certaine manière, et par décision du législateur, aider à contrefaire (par les voies visées au Code), c'est contrefaire.

Encore faut-il, bien sûr, être au moins aux marches de l'interdit…

II - Actes autorisés

Il est, en effet, des actes dont on pourrait penser *a priori* qu'ils sont interdits et qui, pourtant, ne le seront pas. Actes légitimés parce que le législateur l'a voulu ainsi ? Actes plus radicalement légitimes parce qu'échappant par nature à l'emprise du brevet ? On peut en discuter. Mais, si cela est loin d'être sans intérêt pour la théorie juridique, du point de vue pratique il suffit amplement de noter que ceci ou cela ne sera pas réputé contrefaisant. Le Code ménage ainsi trois séries d'exception à travers trois de ses articles (art. L. 613-5 et s.), chacun construit autour d'une idée particulière (et que nous examinerons tour à tour).

A - Actes réputés non commerciaux

Il s'agit d'abord d'actes dont on peut dire qu'ils sont « réputés non commerciaux » par la loi (J. Foyer et M. Vivant).

On peut lire, en effet, à l'article L. 613-5 CPI :

« Les droits conférés par le brevet ne s'étendent pas :

a) aux actes accomplis dans un cadre privé et à des fins non commerciales ;

b) aux actes accomplis à titre expérimental qui portent sur l'objet de l'invention brevetée ;

c) à la préparation de médicaments faite extemporanément et par unité dans les officines de pharmacie, sur ordonnance médicale, ni aux actes concernant les médicaments ainsi préparés. »

Tout n'est peut-être pas, au sens le plus strict, acte hors commerce. Un acte de préparation de médicament en officine n'échappe pas à proprement parler au circuit marchand. Mais il s'agit économiquement d'actes qui sont à la marge, qui n'intéressent guère le marché. Le législateur a, par ailleurs, fait le choix du réalisme : comment, par exemple, irait-on contrôler que tel ou tel acte a été accompli dans la sphère privée ?

Il faut toutefois particulièrement mettre l'accent sur la deuxième exception posée par ce texte : la possibilité de procéder à des expérimentations. La disposition peut sembler anodine. Elle est en réalité essentielle. Toute la philosophie du brevet est là. Car si l'invention est intellectuellement offerte à tous (v. au chap. IV les règles relatives à la publicité de l'invention qu'assure le brevet), elle l'est pour faire progresser la recherche (*cf.* Introduction), ce qui suppose une faculté de procéder à toutes les expériences nécessaires.

B - Actes auxquels peut être opposé l'épuisement du droit de brevet

Nous avons déjà rencontré la notion d'épuisement du droit quand nous avons présenté le brevet comme un droit « orienté dans sa fonction » (chap. V, section 2, plus spécialement III).

Nous nous bornerons donc ici à rappeler que, soit dans un cadre strictement national (art. L. 613-6 CPI), soit dans un contexte communautaire (suivant la jurisprudence de la Cour de justice), les droits conférés par un brevet « ne s'étendent pas aux actes concernant le produit couvert par ce brevet » (texte français), ne permettent pas de contrôler la distribution de ce produit, traité comme le plus banal des produits dès l'instant où il a été mis sur le marché. C'est ainsi qu'en dépit de ce que nous avons vu plus haut (I) il ne sera pas possible de s'opposer à l'importation en France d'un produit licitement mis sur le marché, par exemple, en Allemagne.

Pour le reste le lecteur voudra bien se reporter à nos précédents développements (précités).

C - Actes couverts par un droit de possession personnelle antérieure

Reste ce que prévoit l'article L. 613-7 CPI qui permet à toute personne qui, de bonne foi, était « en possession » de l'invention, objet du brevet, à la date de dépôt ou de priorité du brevet, de continuer à exploiter cette invention « à titre personnel ».

Il faut comprendre le pourquoi de cette règle. Au moment où une invention est faite, l'inventeur ou son entreprise ont le choix entre deux politiques: prendre un brevet ou conserver l'invention secrète, ce qui est le premier moyen de se la « réserver ». Mais si l'invention a été gardée secrète, par hypothèse elle n'est pas antériorisante à l'égard d'une demande de brevet qui serait formée ultérieurement par un tiers qui aurait à son tour fait la même invention. La conséquence devrait en être que le breveté, comme tel, pourrait seul exploiter « son » invention, c'est-à-dire en *excluant celui qui, avant lui, avait fait le choix contraire du secret*. Le législateur ne l'a pas voulu et la règle posée a pour fin de faire coexister les deux acteurs de cette petite histoire, en réservant des droits à chacun.

Cela dit, quant à sa mise en œuvre, le plus délicat est bien sûr de savoir ce qu'est cette « possession » qui peut difficilement être celle que connaît le Code civil. Possession de l'invention ? Maîtrise (intellectuelle) ? Connaissance ? Les auteurs comme les juridictions se divisent pour dire les uns que la connaissance de la technique suffit, les autres qu'une exploitation de celle-ci est nécessaire. Il est difficile de trancher. Peut-être peut-on juger que la seconde lecture ajoute au texte.

Quant aux effets de la règle, ils sont bien simples.

Celle-ci permet de paralyser l'action en contrefaçon qui, normalement, pourrait être intentée par le breveté. Mais le droit est personnel. Il ne peut être cédé à titre autonome mais seulement avec « l'entreprise à laquelle il est attaché », ce qui appelle, évidemment, à s'interroger sur le sens à donner au mot entreprise: « Fonds de commerce » comme on le lit dans un arrêt déjà ancien de la Cour de cassation, « fonds industriel » comme on le dit parfois… Concrètement, des difficultés se présentent surtout à l'occasion d'opérations de restructuration quand, à l'arrivée, « l'entreprise » n'est plus ce qu'elle était initialement.

Il est vrai que l'hypothèse est rarement satisfaite. La possession personnelle reste une exception exceptionnelle.

Section 2
La contrefaçon en justice

L'action en contrefaçon est le moyen offert au breveté pour faire sanctionner les actes de contrefaçon venus porter atteinte à son droit. Mais, au fil des ans, les choses se sont compliquées. À l'action proprement dite et à son appui traditionnel que constitue la saisie-contrefaçon sont venues s'ajouter diverses actions connexes Vendant à éviter ou, au contraire, à accélérer la procédure.

Nous examinerons donc tour à tour, suivant une structure aussi cohérente que possible:

— l'action en déclaration de non-contrefaçon dont le nom indique bien quel en est l'objet (I);

— la saisie-contrefaçon qui inversement tend à établir la réalité de la contrefaçon (II);

— l'action en interdiction provisoire (III);

— et, enfin, l'action en contrefaçon proprement dite (IV).

I - L'action en déclaration de non-contrefaçon

Cette action est récente. Elle a été introduite dans notre droit par une loi de 1984 dans le but d'assurer une meilleure sécurité juridique. Celui qui craint de se voir accusé de contrefaçon peut, en effet, par cette voie obliger celui dont il craint une action en contrefaçon à prendre parti et à dire – c'est du moins ce qu'il espère – qu'il n'y a pas, à son sentiment, contrefaçon. « À l'antique: le nœud gordien (tranché) préféré à l'épée de Damoclès » (J. Foyer et M. Vivant).

Pour être plus technique, on citera le texte du Code, à savoir l'article L. 615-9: « Toute personne qui justifie d'une exploitation industrielle sur le territoire d'un État membre de la Communauté européenne ou de préparatifs effectifs et sérieux à cet effet peut inviter le titulaire d'un brevet à prendre parti sur l'opposabilité de son titre à l'égard de cette exploitation dont la description lui est communiquée. Si ladite personne conteste la réponse qui lui est faite ou si le titulaire du brevet n'a pas pris parti dans un délai de trois mois, elle peut assigner ce dernier devant le tribunal pour faire juger que le brevet ne fait pas obstacle à l'exploitation en cause, et ce, sans préjudice de l'action en nullité du brevet et d'une action ultérieure en contrefaçon dans le cas où l'exploitation n'est pas réalisée dans les conditions spécifiées dans la description visée à l'alinéa précédent. »

La logique du texte veut que celui qui a accepté de tenir l'exploitation faite pour non contrefaisante dans la limite de « la description (qui lui a été) communiquée » ou qui se voit opposer une décision de justice de même portée suivant la seconde phrase, ne peut plus désormais valablement agir en contrefaçon.

II - La saisie-contrefaçon

Bien plus fréquente sera, pourtant, l'hypothèse où c'est le breveté qui prend l'initiative et cherche à faire établir ce qu'il considère comme une contrefaçon.

On parle certes d'actes de contrefaçon mais, dans la théorie générale des obligations, il s'agit de faits, d'où il se déduit qu'ils peuvent être prouvés par tous moyens (ce que rappelle, au demeurant, le Code en son article L. 615-5). Des présomptions, l'aveu du défendeur… peuvent ainsi être retenus comme modes de preuve parfaitement acceptables.

Le législateur a, pourtant, prévu une saisie spécifique qui est la voie royale en matière de preuve. Le breveté est ainsi « en droit de faire procéder, sur ordonnance du président du tribunal de grande instance du lieu de la contrefaçon présumée, par tous huissiers assistés d'experts de son choix, à la description détaillée, avec ou sans saisie réelle, des produits ou procédés prétendus contrefaits. L'ordonnance est exécutoire par provision. Elle peut être subordonnée à une consignation par le requérant. Dans la même ordonnance, le président du tribunal peut autoriser l'huissier à procéder à toute constatation utile en vue d'établir l'origine, la consistance et l'étendue de la contrefaçon » (art. L. 615-5 al. 2 CPI).

L'ordonnance, sur requête, est rendue sur simple présentation du titre de brevet (v. art. R. 615-1 CPI) sans que le magistrat ait le pouvoir d'apprécier la crédibilité de la contrefaçon alléguée et de refuser la mesure sollicitée. Il peut, toutefois, choisir entre saisie réelle (qui suppose que des objets vont être appréhendés) et saisie description (dont le nom manifeste les limites).

La mesure est, à l'évidence, grave et doit de ce fait être maniée avec prudence: jugé ainsi que « la saisie-contrefaçon (étant) une procédure exceptionnelle permettant au breveté avant tout procès contradictoire de pénétrer chez autrui sans son assentiment afin d'y procéder à des investigations, des constatations, voire des saisies réelles tendant à apporter la preuve d'une contrefaçon alléguée sans que le saisi ait la faculté de s'opposer au déroulement des opérations de saisie », il convient que les dispositions légales soient strictement interprétées (Paris, 4e ch., 4 novembre 1992, *PIBD* 1993, 538, III, 111). Ainsi, si la présence d'experts assistant l'huissier est prévue par le texte, il fut jugé que le fait par un huissier de recourir de sa propre autorité à un technicien appelé à l'éclairer constituait une irrégularité grave.

Le plus grave pourtant réside dans le fait qu'une telle saisie contrevient par nature au secret des affaires et peut vite glisser vers quelques abus facilement imaginables. Aussi le contentieux est-il abondant sur ces questions. Si le saisi ne peut interdire au saisissant l'accès de certains documents sous prétexte de confidentialité (TGI Paris, réf., 22 décembre 1989, *PIBD* 1990, 473, III, 134), la saisie ne doit pas être l'occasion d'une confiscation déguisée des stocks (Cass. com. 4 janvier 1985, *PIBD* 1986, 373, III, 214, *Dossiers Brevets* 1985, IV, 5, *Ann. prop. ind.* 1985, 237, note Mathély) ni d'un espionnage du concurrent (TGI Lyon, réf., 24 novembre 1989, *RTD com.* 1989, 227, obs. Chavanne et Azéma, *Dossiers Brevets* 1988, V, 7: juge des référés interdisant la communication au saisissant de documents inutilement saisis). Afin de préserver la confidentialité, les juges sont ainsi parfois conduits à nommer un expert avec mission pour celui-ci d'examiner, sous le sceau du secret, les documents placés sous enveloppe scellée par l'huissier afin de fournir tous renseignements de nature à permettre au tribunal de distinguer ce qui est nécessaire à la preuve et ce qui lui est étranger. La présence d'un conseil en propriété industrielle est de plus en plus discutée et la Cour de cassation a même jugé que l'article 6-1 de la Convention européenne des droits de l'homme s'opposait à ce que le responsable de la propriété industrielle du saisissant assiste l'huissier (Cass. com. 28 avr. 2004 : *D.* 2004, AJ, p. 1671 ; *PIBD* 2004, 791, III, 431 ; *Prop. intell.* 2004, n° 12, p. 793, obs. Galloux ; *Juris-Data,* n° 023448).

On ajoutera que la saisie doit faire l'objet d'une « validation » et qu'« à défaut par le requérant de s'être pourvu devant le tribunal dans le délai de quinze jours, la saisie sera nulle de plein droit, sans préjudice d'éventuels dommages-intérêts » (art. L. 615-5 al. 4 CPI).

La sanction des irrégularités n'est autre que la nullité mais il est tout un contentieux, qu'on peut seulement ici évoquer, pour savoir si dans tel ou tel cas la démonstration d'un grief est ou non nécessaire.

III - L'action en interdiction provisoire

Comme l'action en déclaration de non-contrefaçon (*supra* I), l'action en interdiction provisoire est de création récente puisqu'introduite elle aussi par la même loi de 1984. Auparavant le débat était vif quant au point de savoir si le juge des référés pouvait valablement intervenir en matière de brevets. Aujourd'hui, le président du tribunal saisi d'une action en contrefaçon (*infra,* IV) peut, « statuant *en la forme des référés* », « interdire, à titre provisoire, sous astreinte, la poursuite des actes argués de contrefaçon, ou subordonner cette poursuite à la constitution de garanties destinées à assurer l'indemnisation du breveté » (art. L. 615-3 al. 1er CPI).

On comprend bien l'intérêt du texte, surtout à savoir qu'une instance en contrefaçon peut durer des années. On en saisit aussi les dangers. Car s'il n'est pas bon de laisser se poursuivre une exploitation contrefaisante, il ne l'est pas davantage de faire cesser une exploitation qui finalement pourrait apparaître comme tout à fait licite.

Le législateur a donc tenté d'enserrer cette action dans des conditions strictes. Tel est l'objet des deuxième et troisième alinéas de l'article L. 615-3 CPI.

« La demande d'interdiction ou de constitution de garanties n'est admise que si l'action au fond apparaît sérieuse et a été engagée dans un bref délai à compter du jour où le breveté a eu connaissance des faits sur lesquels elle est fondée.

Le juge peut subordonner l'interdiction à la constitution par le demandeur de garanties destinées à assurer l'indemnisation éventuelle du préjudice subi par le défendeur si l'action en contrefaçon est ultérieurement jugée non fondée. »

Un contentieux interprétatif s'est déjà développé. Les tribunaux ont précisé de la sorte, et avec raison, que bref délai et précipitation ne devaient pas être confondus et jugé qu'une action menée quelques mois après que le breveté eût pris de connaissance des faits était formée comme il convenait. Quant au sérieux – à l'apparence de sérieux – de l'action, fut jugée, par exemple, sérieuse l'action fondée sur un brevet auquel étaient opposées de prétendues antériorités récusées par l'expert et rejetées dans une procédure étrangère (Paris 27 novembre 1986, *PIBD* 1987, 406, III, 65, *Dossiers Brevets* 1987, III, 4).

Pour ce qui est des effets d'une telle action, de deux choses l'une. Ou bien le demandeur échoue, il lui appartient d'essayer de triompher dans l'instance au fond. Ou bien il réussit, le défendeur doit cesser l'exploitation entreprise ou, autre branche de l'alternative offerte, constituer des garanties, ce qui peut n'être qu'une anticipation sur ce qui sera décidé au fond mais qui peut aussi mal préjuger la décision finale : en pareil cas, le défendeur pourra réclamer des dommages-intérêts à celui qui aura agi contre lui (le texte cité prévoit même à cet effet une constitution de garanties par le demandeur à l'action en interdiction) mais il faut souligner néanmoins que l'échec de l'action au fond ne suffit pas à constituer *ipso facto* le défendeur triomphant créancier de réparation (au juge saisi d'une telle demande à arbitrer).

IV - L'action en contrefaçon

L'action, elle-même, est une action judiciaire comme une autre qui peut emprunter la voie civile comme – théoriquement – la voie pénale. Elle est de la compétence des dix tribunaux de grande instance spécialisés en matière de brevet (art. L. 615-17 CPI) et appartient non seulement au breveté lui-même mais aussi au licencié exclusif si après mise en demeure le breveté n'a pas agi ainsi qu'aux bénéficiaires des licences autoritaires déjà rencontrées (chap. V, section 2, II). Le breveté peut intervenir à l'instance engagée par le licencié et inversement le licencié à celle engagée par le breveté. L'action se prescrit par trois ans « à compter des faits qui en sont la cause » (art. L. 615-8 CPI). Portée devant le tribunal, au-delà du débat sur la réalité des actes présumés contrefaisants, elle débouche sur une comparaison entre l'invention couverte par le brevet présumé contrefait et la technique mise en œuvre par le présumé contrefacteur. Un principe bien établi (encore que critiqué par certains) préside à cette comparaison: la contrefaçon s'apprécie selon les ressemblances et non selon les différences.

On notera, car cela va à l'encontre de toutes les idées reçues, qu'en dépit de ce qui vient d'être dit, des tribunaux étrangers (et donc nécessairement autres que les tribunaux spécialisés français) peuvent être compétents dans le contexte européen sur une contrefaçon de brevets français, comme, d'ailleurs, en symétrique, un juge français peut parfaitement connaître de la contrefaçon d'un brevet allemand ou danois. C'est la simple application, dans l'orbite communautaire, hier de la Convention de Bruxelles du 27 septembre 1968 sur la compétence des juridictions (combinaison des art. 2, 5 et 16) et aujourd'hui du règlement CE du 22 décembre 2000 ayant même objet (mêmes articles) ainsi qu'au-delà (UE et AELE), de la Convention de Lugano du 16 septembre 1988 (v. en particulier art. 54 *ter*).

Quant à l'analyse de l'action, elle apparaît d'un **point de vue théorique** comme une *action de type « reivindicatoire »,* une action tendant, comme nous l'avons dit, à assurer la défense d'une propriété et à en restaurer l'intégrité puisque, par hypothèse, il y a été porté atteinte. Mais elle est aussi – et les deux facettes sont difficilement dissociables – une simple et banale action en dommages-intérêts (*cf.* art. L. 615-1 al. 2 CPI: « La contrefaçon engage la responsabilité civile de son auteur »).

C'est que, du **point de vue pratique**, l'action en contrefaçon débouchera d'abord sur *l'octroi de dommages-intérêts.* Il faut ici rappeler fortement que le seul impératif qui s'impose aux juges est de réparer *au mieux* et que les juges du fond sont souverains dans leur appréciation, car bien des praticiens des brevets, s'ils ont quelque idée du droit des brevets, tendent à oublier le droit commun le plus élémentaire. Cela dit, il est des pratiques, qui n'ont aucune valeur contraignante, qui sont suivies par les tribunaux pour mesurer la réparation due et qu'il est bon de connaître. Ainsi, si le brevet n'est pas exploité ni directement ni par le canal d'une licence, l'essentiel du préjudice est réputé consister en la privation des redevances auxquelles le breveté aurait pu prétendre et l'indemnité due correspondra prioritairement à cette perte. C'est d'une certaine manière un encouragement à la contrefaçon car le contrefacteur, pas pris, n'aura rien à payer, et, pris, devra au pire payer ce qu'il aurait dû effectivement régler. Aussi certaines décisions tendent-elles à majorer l'indemnité de contrefaçon par rapport au montant des redevances qui pourraient être dues au titre d'une licence. Si, en revanche, le brevet est exploité, il est usuellement recherché, pour fixer l'indemnité de contrefaçon, ce que le breveté a perdu dans son exploitation de par le fait de la contrefaçon. Mais la réalité est loin d'être toujours celle-ci. Et de plus en plus de voix s'élèvent pour demander l'instauration, sur le modèle anglo-saxon, de dommages « punitifs ».

La décision de condamnation emporte encore *interdiction* de poursuivre les actes jugés contrefaisants. Elle peut aussi emporter *confiscations* puisque l'article L. 615-7 CPI pose : « Sur la demande de la partie lésée, et autant que la mesure s'avère nécessaire pour assurer l'interdiction de continuer la contrefaçon, les juges pourront ordonner la confiscation, au profit du demandeur, des objets reconnus contrefaits, qui sont la propriété du contrefacteur à la date de l'entrée en vigueur de l'interdiction, et, le cas échéant, celles des dispositifs ou moyens spécialement destinés à la réalisation de la contrefaçon », avec ce complément à l'alinéa 2 : « Il sera tenu compte de la valeur des objets confisqués dans le calcul de l'indemnité allouée au bénéficiaire de la condamnation. »

Reste une possible sanction pénale pour le cas hypothétique où la voie pénale serait empruntée. L'article L. 615-14 fait état de peines encourues de trois ans d'emprisonnement et de 300 000 € d'amende à l'encontre de « ceux qui auront porté sciemment atteinte aux droits du propriétaire d'un brevet »...

Lire aussi

- Combaldieu J.-C., « La réparation du préjudice en matière de contrefaçon de brevet et ses méthodes d'évaluation », *JCP C* 1977, II, 12382
- Devésa Ph. et Mousseron J. M., « Actions complémentaires à l'action en contrefaçon », *J.-Cl. Brevets,* fasc. 4650, 2000
- Le Stanc C., *L'acte de contrefaçon de brevet d'invention,* Litec, CEIPI, 1977; « Acte de contrefaçon », *J.-Cl. Brevets,* fasc. 4600 et s.
- Marcellin Y., *La saisie-contrefaçon,* Cedat, 2e éd., 1999
- Martin J.-P., « Le brevet d'invention, Arme stratégique anti-contrefaçon », *JCP E* 1993, I, 204; « La preuve de la contrefaçon en matière de brevets d'invention »: *Rev. dr. propr. intell.* 1996, n° 68, p. 15
- Stenger J.-P., « Action en contrefaçon », *J.-Cl. Brevets,* fasc. 4640 et s.; « Saisie-contrefaçon », *J.-Cl. Brevets,* fasc. 4631 et s.; « Sanctions de la contrefaçon », fasc. 4680, 2001
- Véron P. *et alii, Saisie-contrefaçon*, Dalloz, 1999
- *Varii auctores, Aspects actuels de la contrefaçon,* Litec, CEIPI, 1974
- *Varii auctores, La contrefaçon, L'entreprise face à la contrefaçon de droits de propriété intellectuelle*, Litec, 2003

Chapitre VII
Les contrats sur brevets

Nous avons vu comment le brevet permettait de constituer une propriété sur une invention, de faire surgir ainsi une valeur potentielle, quels droits il conférait et comment sa défense était assurée. Mais il n'est de véritable richesse que mobilisable. C'est la possible circulation du bien dans le circuit économique qui, en dernière analyse, lui conférera sa réelle valeur. Si donc le droit des contrats est usuellement distingué du droit des biens, si les contrats *sur* brevets ne sont plus exactement du droit *des* brevets, il est néanmoins essentiel d'examiner ceux-ci sans qui ce droit des brevets ne serait qu'une figure incomplète.

Sans doute, un contrat peut fort bien porter sur une connaissance non appropriée, et donc dans le registre de l'invention qui est le nôtre, sur une invention non appropriée. Il s'agit du **contrat de communication de savoir faire** (savoir-faire technique en l'occurrence) ou de *know how* (si l'on conserve – sans véritable raison – l'appellation anglo-saxonne), parfois baptisé encore, selon les cas, du nom de cession ou de licence de savoir faire (ou de *know how*). Ce contrat s'organise en un jeu d'enseignements, de permissions et d'interdits rendus possibles par l'existence de données secrètes : le communiquant fait connaître à son partenaire ce que celui-ci ignore, il l'autorise à exploiter les éléments communiqués, il lui interdit de les faire connaître à des tiers. Ce contrat est, sinon le prototype, du moins le « contrat premier » des contrats sur propriétés intellectuelles (en prenant le terme propriété dans un sens large), contrat d'où se détachent les contrats dont nous allons parler, comme le brevet se détache du simple savoir-faire.

Bien plus, il est en relation étroite, avec ces contrats dès l'instant où, par exemple, un contrat de licence de brevet (v. ci-après) existe rarement, sinon jamais, à l'état pur mais participe plutôt d'une opération plus vaste où le noyau dur est bien constitué par le brevet donné en licence mais où l'enseignement apporté au licencié constitue une composante importante. Le fait que les deux règlements communautaires originaires, l'un sur les licences de brevet, l'autre sur les licences de savoir-faire, aient été fusionnés en un règlement unique sur les transferts de technologie en est une excellente illustration (règlement de 1996 aujourd'hui remplacé par un règlement du 27 avril 2004 concernant l'application de l'article 81, § 3, du traité à des catégories d'accords de transfert de technologie) celui-ci s'applique aux accords de licence de brevet, aux accords « de licence de savoir-faire » et aux accords « mixtes » de licence de brevet, de savoir-faire, voire de doits d'auteur sur logiciels ainsi même qu'à certaines cessions si elles ne constituent pas l'essentiel de l'accord (art. 1er).

Cela dit, nous laisserons de côté ce contrat qui reste, pour nous, « à la périphérie », nous en tenant aux **contrats dont l'objet est** effectivement **un brevet**. Cela n'est, toutefois, que modérément de nature à restreindre nos observations car, si le brevet est une forme de propriété sur une invention (v. chap. V) et si la règle est dans notre droit celle de la liberté contractuelle, il peut y avoir autant de sortes de contrats sur brevets qu'il est de contrats de tous ordres, autant que la pratique peut en imaginer. Nous donnerons trois exemples de cela. On peut fort bien imaginer (et pratiquer) un contrat d'échange de brevets. Sans doute, la pratique connaît une figure qu'elle dénomme ainsi mais qui est plutôt une formule de licences croisées. Mais rien n'interdit, si les parties du moins y trouvaient un intérêt (et c'est bien là tout le problème), de concevoir un véritable contrat d'échange: brevet contre brevet. Semblablement, on peut fort bien imaginer (et pratiquer) un contrat de crédit-bail sur brevet. Certes, les dispositions que connaît notre droit, relatives à un crédit-bail de biens corporels et tendant à assurer l'efficacité de l'opération en cas de procédure collective, ne trouveront pas application ! Mais cela n'interdit pas de mettre en place un véritable crédit-bail qui aurait un brevet pour objet. Nous avons enfin nous-même élaboré un schéma complexe organisant une sorte de mutualisation d'un portefeuille brevets à travers « cessions d'inventions » et licences sur des brevets futurs !

Nous ne livrerons pas, pour autant, dans les pages qui suivent un traité des contrats spéciaux appliqués aux brevets ! Si tout est possible, tout n'est pas de fait usité. Ainsi le contrat de nantissement, bien qu'il y soit fait ici ou là allusion dans le Code (art. L. 613-21, L. 613-24, L. 614-14, L. 614-29 CPI) est une figure peu utilisée et que nous laisserons donc de côté. Ce sont deux contrats, surtout, qui dominent la scène, qu'il nous faudra examiner en priorité : cession (section 1) et licence (section 2) de brevet. Il faudra dire un mot aussi de l'apport en société, ne serait-ce que pour le distinguer de la cession, ce qui n'est pas toujours clairement fait comme il se devrait (section 3). Enfin, il sera bon de s'attarder à la convention de non-opposition qui est une création imaginative de la pratique (section 4).

En dénominateur commun, le *droit de la concurrence* sera bien sûr toujours au rendez-vous.

De même, certaines *règles de forme* sont communes à tous les contrats emportant cession ou concession de droits.

L'article L. 613-8 CPI pose ainsi que « les actes comportant une transmission ou une licence [...] sont constatés par écrit, à peine de nullité ».

L'article L. 613-9 le complète en ces termes : « Tous les actes transmettant ou modifiant les droits attachés à une demande de brevet ou à un brevet doivent, pour être opposables aux tiers, être inscrits sur un registre, dit registre national des brevets, tenu par l'Institut national de la propriété industrielle.

Toutefois, avant son inscription, un acte est opposable aux tiers qui ont acquis des droits après la date de cet acte, mais qui avaient connaissance de celui-ci lors de l'acquisition de ces droits. »

Section 1
La cession de brevet

L'analyse unanime de la cession de brevet en fait une **vente**, sauf à observer qu'à défaut de prix il faut songer au modèle de la donation. En vérité, ce dernier cas sera exceptionnel. Si l'on peut penser à un transfert de propriété gratuit au sein d'un groupe et/ou à l'occasion d'une opération de restructuration, il sera difficile de caractériser alors un réel *animus donandi*. On cherchera donc plutôt, en tant que de besoin, les références dans les articles 1582 et s. du Code civil sur la vente que dans les articles 893 et s. sur la donation.

Vente ou donation, la cession sera civile ou commerciale suivant le droit commun. Si, par exemple, le cédant n'est pas commerçant et n'exploite pas l'invention quand le cessionnaire, lui, a cette qualité, l'acte est civil à l'égard du premier et commercial pour le second.

En revanche, si le droit commun suggère que la cession est un contrat instantané, la pratique connaît une forme de cession « à temps », c'est-à-dire pour une durée limitée, qui n'est pas sans soulever de délicats problèmes de qualification, sinon de licéité : « cession » et « contre-cession » prédécidée ? Ou licence travestie ?

Très classiquement, nous examinerons conditions (I) et effets (II).

I - Conditions

Un contrat de cession de brevet doit comme tout contrat obéir aux conditions posées par le Code civil quant aux exigences de consentement, capacité, objet, cause. Cependant, ici, comme pour les autres contrats que nous étudierons par la suite (v. *infra),* nous ne reprendrons pas systématiquement ces exigences.

C'est *l'objet* cédé – ici le brevet (l'invention brevetée) – qui mérite une considération particulière.

La première observation à faire est que ce brevet doit bien sûr exister. Le droit naissant avec la demande, la cession peut donc porter sur une telle demande de brevet. À l'opposé, elle ne peut plus porter sur un brevet échu. Elle doit encore concerner un brevet *valable.* Le brevet nul étant réputé n'avoir jamais existé, la cession serait sans objet et devrait être, comme le brevet, annulée. La principale question de portée pratique est de savoir qui peut prendre l'initiative d'une telle action en annulation. Le breveté cédant ne le peut certainement pas, faute de manquer à son obligation de garantie. Le cessionnaire qui y a intérêt (intérêt à obtenir restitution d'un prix qui finalement s'avère ne correspondre à rien) ne pourrait se le voir interdire que par l'invocation d'une clause de non-contestation, une clause du contrat ayant précisément pour fin de lui interdire de contester la validité du brevet concerné, mais si nombre d'auteurs paraissent curieusement en accepter la validité, elle paraît bien trop contraire aux principes de libre concurrence pour ne pas être discutable (v. pour plus de détails *infra,* section 2).

Il faut ajouter que la cession peut être totale ou partielle. L'article L. 613-8 CPI dit bien que les droits attachés à un brevet « sont transmissibles en totalité ou en partie ». Cela veut dire qu'une distinction tout intellectuelle sera faite au sein de l'invention brevetée : entre telle et telle application, le breveté se réservant la propriété de l'une mais abandonnant l'autre à un tiers. La formule débouchera sur une copropriété d'un genre spécial et devra, à l'évidence, faire l'objet d'un examen spécialement attentif du point de vue du droit de la concurrence.

II - Effets

La cession étant assimilable comme nous l'avons dit à une vente (I), elle produit, en premier lieu, des effets réels (A). Comme tout contrat, elle engendre des obligations et nous nous autoriserons donc à parler d'effets obligationnels (B).

A - Effets réels

Le premier effet, l'effet par excellence, de la cession est de transférer la propriété du brevet du cédant au cessionnaire. Celui-ci est dès lors investi de la qualité de breveté et, avec celle-ci, de toutes les prérogatives et charges qui lui sont attachées.

L'observation se suffit à elle-même. Mais les tribunaux ont été appelés à intervenir pour dire, par exemple, que la cession de brevet n'emportait pas cession du « droit au nom »... ce qui est tout à fait normal puisqu'il s'agit d'un droit moral qui ne relève pas du droit de brevet *stricto sensu* (*cf.* chap. III, section 2, *in limine*). Ils ont eu aussi à se prononcer sur le droit d'agir en contrefaçon mais, sur ce point, si ce droit appartient naturellement au cédant pour le passé et au cessionnaire pour le futur, ils ont assez étonnamment validé des conventions attribuant ce droit à tel ou tel, clauses acceptables quand il s'agit de conférer au cessionnaire le droit d'agir pour des faits antérieurs à la cession, clauses autrement discutables quand il s'agit d'accorder au cédant le droit d'agir pour des faits postérieurs à la cession.

La difficulté la plus réelle est, cependant, d'un autre ordre, à la fois notionnelle et pratique : savoir si le cessionnaire peut prétendre aux perfectionnements. On admet, certes, que les perfectionnements qui seraient apportés ultérieurement à l'invention ne sont pas normalement concernés par le contrat. Mais, pour les perfectionnements déjà acquis et non visés au contrat, les avis sont partagés.

B - Effets « obligationnels »

Les effets « obligationnels » sont, une fois encore, ceux d'une vente.

Les **obligations du cédant** sont les deux obligations traditionnelles : obligation de délivrance et obligation de garantie.

L'obligation de délivrance, mise du bien à la disposition du partenaire contractuel, se ramène ici à une tolérance par le cédant des actes d'exploitation que va accomplir le cessionnaire. Elle soulève un problème pratique analogue à celui qui vient d'être rencontré (A) qui est de savoir sur quoi elle porte exactement et, pour être plus précis, si elle s'étend au savoir-faire qui est susceptible d'accompagner le brevet. Mais, à l'évidence, il n'y a pas de réponse de principe à attendre et le mieux est encore ici de rédiger une clause aussi précise que possible.

L'obligation de garantie ne présente pas les mêmes difficultés selon qu'il s'agit de garantie d'éviction ou de garantie des vices cachés. Pour ce qui est de la première, il est évident que le cédant ne doit pas venir, par exemple, troubler le cessionnaire dans sa jouissance. Les choses changent avec la garantie des vices cachés car il est alors difficile de discerner ce qu'est *exactement* un tel vice en matière de brevet. On admet que ces vices peuvent être tant juridiques que matériels. Vices juridiques: ce sont ceux qui affectent le droit de brevet et conduiraient à l'annulation du titre. Vices matériels: ce sont eux qui affectent l'invention, ceux qui la rendent *techniquement* inexploitable mais non, selon la jurisprudence, ceux qui mettent en cause son rendement industriel ou commercial qui n'est pas, juge-t-on, couvert par la garantie (Cass. civ. 12 avril 1956, *Ann. prop. ind.* 1957, 79). Mais tout cela est il bien a l'abri de la discussion ? On peut en douter. Certains ont fait valoir que la validité du titre concernait non pas la chose mais le droit et qu'à suivre ce qui est retenu en pareil cas pour la cession de créance c'est la garantie d'éviction qui devrait être appelée à jouer. De même, rien n'oblige à penser, s'agissant des « vices matériels », que le résultat doive être garanti: « Si le brevet permet, comme annoncé, de fabriquer des briques, peut-on vraiment faire grief au cédant de ce que les briques ne résistent pas à telle condition de chaleur ? » (J. Foyer et M. Vivant). La question de la garantie sera, en pratique, souvent réglée par des clauses, de fait clauses limitatives, sinon élusives, de garantie. Ici encore, et en dépit de certaines positions doctrinales critiques, c'est le droit commun qui trouve application.

Pour ce qui est des **obligations du cessionnaire**, on peut envisager diverses obligations mineures mais il s'agit d'abord d'une obligation de paiement du prix qui n'appelle pas d'observations particulières. On peut simplement relever qu'à côté de la formule, attendue, du paiement d'une somme déterminée, la pratique en connaît une autre qui consiste à rendre le prix proportionnel aux résultats de l'exploitation du brevet.

Section 2
La licence de brevet

Comme la cession, la licence peut être ramenée à un schéma de droit commun bien connu qui est celui du **louage**. Comme pour la cession, d'autres « déclinaisons » sont possibles : « donner licence » c'est permettre (la *« licencia »* c'est la permission), et c'est du prêt qu'il faudra parfois rapprocher la licence (le cas de figure singulier que constitue la convention de non-opposition étant étudié ultérieurement : IV). Les références de droit commun seront donc d'abord les articles 1709 et s. Code civil (sur le louage), éventuellement 1874 et s. (sur le prêt).

La licence sera civile ou commerciale suivant le droit commun.

Mais rapportable à une qualification ou une autre, civile ou commerciale, la licence de brevet est *toujours* fortement marquée d'« *intuitu personae* », elle « baigne », a-t-on dit, dans l'*intuitu personae* (J.-J. Burst). Cela implique que, sauf clause contraire, elle ne peut ni être cédée ni faire l'objet d'une sous-licence.

La licence, par sa nature, est limitée dans le temps (comp. avec la cession *supra,* I, *in limine*). Elle reçoit nécessairement comme limite maximale la durée même du brevet sur lequel elle porte. Mais elle peut bien sûr être conclue pour une durée inférieure. Dans le silence du contrat, la question peut se poser de savoir quelle est sa **durée** : si certains ont jugé qu'elle devait être alors alignée sur celle du brevet, il paraît plus juste de s'en tenir au droit commun et de considérer qu'en pareille hypothèse le contrat est conclu pour une durée indéterminée et donc résiliable unilatéralement.

Nous examinerons cette licence suivant le plan le plus classique opposant conditions (I) et effets (II).

I - Conditions

Comme pour la cession (section 1), nous nous en tiendrons à ce qui appelle spécifiquement commentaire.

Ce qui est de l'ordre du droit général des contrats ne nous arrêtera donc pas. Ainsi il est évident que le contrat se forme par rencontre d'une offre et d'une acceptation Et il en est toujours ainsi en matière de licence. Tout au plus peut-on noter que, depuis 1978, le législateur a introduit un mécanisme, sans grand intérêt, dit « de la *licence de droit* », qui permet au breveté de se mettre dans une situation qu'on pourrait qualifier d'« offre publique ». L'article L. 613-10, al. 2, CPI prévoit donc que la demande de licence de droit adressée au directeur de l'INPI « doit contenir une déclaration dans laquelle le propriétaire du brevet autorise toute personne de droit public ou privé à exploiter le brevet contre versement de justes redevances. La licence de droit ne peut être que non exclusive. À défaut d'accord entre le propriétaire du brevet et le licencié, le montant des redevances est fixé par le tribunal de grande instance. Le licencié peut à tout moment renoncer à la licence ». Il s'agit donc ni plus ni moins d'une licence dont on a fait savoir par avance qu'on était prêt à la concéder... Son seul véritable intérêt est que la décision soumettant le brevet au régime de la licence de droit entraîne une réduction de la redevance annuelle due.

Retour fait à un droit qui ne soit point gadget, c'est *l'objet* de la licence qui mérite attention. Mais la vérité est que les observations à faire sont les mêmes que celles menées à propos de la cession.

La première est toujours que le brevet donné en licence doit exister ! Cela signifie que la licence peut porter sur une demande de brevet puisque le droit naît avec la demande et qu'à l'opposé elle ne peut plus porter sur un brevet échu. Elle doit encore concerner un brevet *valable*. Le brevet nul étant réputé n'avoir jamais existé, la licence serait sans objet et devrait être, comme le brevet, annulée. On retrouve là la grande question de savoir qui peut prendre l'initiative d'une telle action en annulation. Le breveté qui doit garantie ne le peut certainement pas. Le licencié qui peut y avoir intérêt peut voir sa liberté bridée par l'existence d'une clause de non-contestation, clause ayant précisément pour fin de lui interdire de contester la validité du brevet en cause. On ne peut pas manquer, toutefois, de s'interroger sur sa validité tant elle est contraire aux principes du droit de la concurrence. Et, de fait, alors que le règlement de 1996 manquait de netteté, celui de 2004 (précité) envisage bien cette clause de manière négative puisque, au travers d'une rédaction grandement laborieuse, il met celle-ci au rang des « restrictions exclues », c'est-à-dire privées d'effet mais sans toutefois qu'il y ait remise en cause de l'exemption offerte à l'accord par le règlement.

L'annulation de la licence, éventuellement prononcée, produit, en tout cas, les effets que lui attache le droit commun, c'est-à-dire théoriquement une remise en l'état primitif, tempérée pratiquement par le fait que, le contrat de licence déployant ses effets dans le temps, la période passée ne peut être réellement effacée. La Cour de cassation eut ainsi l'occasion de dire que la nullité n'avait pas nécessairement pour conséquence de priver de cause les versements faits par le licencié (Cass. civ. 5 avril 1960, *D.* 1960, 717, note Holleaux, *Ann. prop. ind.* 1965, 176) et il est fréquent que les restitutions demandées soient refusées.

Enfin, puisque nous sommes dans le domaine de l'immatériel, comme pour la cession la licence peut être limitée dans son objet : licence limitée à une application déterminée (pharmaceutique ou cosmétique par exemple), limitée à la fabrication ou à la vente, limitée à un territoire… La licence pourra encore être exclusive ou non exclusive, c'est-à-dire permettre ou non une nouvelle concession à un nouveau licencié et il faudra préciser si le breveté lui-même conserve ou non le droit d'exploiter l'invention sous brevet donnée en licence car, sur ce point, les opinions sont partagées, certains considérant que, si la faculté n'est pas interdite au breveté, il faut la tenir pour toujours ouverte, d'autres dont nous serions jugeant que, si une exploitation déjà entreprise peut sans doute être poursuivie, l'économie du contrat interdit au breveté d'entamer une exploitation nouvelle. Le contrat gagnera à être précis. Cette précision ne réglera pas tout cependant car il est bien évident que tout ce qui vient d'être évoqué a vocation à être passé au crible du droit de la concurrence. À titre d'illustration, la clause posant l'obligation pour le donneur de licence de ne pas exploiter lui-même la technologie concédée dans le territoire concédé semble devoir être tenue pour licite (ce que disait expressément l'ancien règlement de 1996 et que l'on peut sans doute inférer du silence du règlement de 2004). Mais, en cas de (possible) répartition géographique entre partenaires, les clauses restreignant la faculté pour les parties de se livrer à des ventes actives ou passives selon les cas sont vues avec suspicion et susceptibles de figurer parmi les restrictions condamnant l'accord (v. Règlement de 2004, art. 4).

II - Effets

La licence n'a pas d'effet réel. Elle est seulement porteuse d'obligations qui suscitent, une fois encore, des interrogations analogues à celles que faisait naître l'examen des effets de la cession (section 1, II, B). Bien sûr, ces effets ne sont plus ceux d'une vente mais d'un louage.

Pour ce qui est des **obligations du donneur de licence** (ou concédant), il s'agit toujours des deux obligations traditionnelles: obligation de délivrance et obligation de garantie, à quoi il faut ajouter un certain nombre d'obligations diverses plus typiques.

L'obligation *de délivrance,* mise du bien à la disposition du partenaire contractuel, peut être analysée comme pour la cession (*supra*) en une « tolérance »: tolérance par le donneur de licence des actes d'exploitation que va accomplir le cessionnaire dans la limite des prévisions contractuelles. Elle soulève l'inévitable problème de savoir quelle est son exacte portée: si elle s'étend au savoir-faire qui est susceptible d'accompagner le brevet.

L'obligation de garantie est d'un abord plus délicat. Pour ce qui est de la garantie d'éviction, elle ne fait pas, en vérité, grand problème. Le donneur de licence doit cette garantie qu'elle soit personnelle ou du fait des tiers, c'est-à-dire garantir le licencié contre tout trouble qui pourrait être apporté à sa jouissance, ce qui peut être particulièrement lourd pour lui et lui impose notamment d'agir en contrefaçon si besoin est. Avec la garantie des vices cachés, toutes les difficultés précédemment évoquées à propos de la cession (v. *supra)* resurgissent car, s'il était alors difficile, comme nous l'avions dit, de déterminer ce que peut être *exactement* un vice caché en matière de brevet, il est évident que le problème reste le même dans le contexte d'une licence. On admet toujours que ces vices puissent être tant juridiques que matériels. Mais les interrogations que nous avions soulevées restent les mêmes et les principes de solution aussi mal assurés. Encore est-il que les tribunaux ne s'embarrassent guère de ces hésitations : jugé, par exemple, que la garantie des vices cachés couvre les vices de conception à l'exclusion des vices de fabrication (Cass. 3e civ., 24 juin 1975, D. 1976, 193, note Schmidt), jugé aussi que le donneur de licence doit garantir la réalisation technique de l'invention (Cass. com. 24 juin 1975, *D.* 1976, 193, note Burst ; 11 juillet 1988, *D.* 1988, IR 238) ; jugé, en revanche, qu'« en l'absence d'une clause expresse, le breveté n'a pas à répondre de la valeur industrielle et commerciale de l'invention, ni de la productivité financière de son exploitation » (Paris, 4e ch., 27 mai 1993, *PIBD* 1993, 552, III, 580). De fait, ce sont des clauses qui régleront le plus souvent ces questions de garantie mais, généralement limitatives, sinon élusives, de responsabilité, elles devront être examinées avec soin.

D'autres *obligations diverses,* fréquemment présentes dans les contrats de licence, doivent enfin être évoquées. Ce sont souvent des obligations négatives : obligation de non-concurrence, obligation de non-exploitation dans tel ou tel contexte, obligation de ne pas concéder de nouvelles licences… Justifiées, elles peuvent certainement dans leur principe être tenues pour licites (*cf.* le règlement communautaire, précité) mais leur régime juridique peut soulever quelques difficultés. *Quid,* par exemple, de l'effet d'une clause interdisant la passation d'un nouveau contrat de licence lorsqu'un tel contrat a été conclu en violation de ladite clause ? Il est indubitable que cela engage la responsabilité du donneur de licence qui a violé son obligation. Mais peut-on imaginer une mise à néant du contrat ainsi passé ? On peut en débattre. Il peut s'agir aussi d'obligations positives comme une clause imposant la communication de perfectionnements, souvent alors parallèle à une clause semblable imposant une même obligation au licencié (v. ci-dessous).

On revient précisément à plus de simplicité avec les **obligations du licencié**.

Celui-ci doit bien sûr *payer le prix* convenu et, d'un point de vue pratique, la question est alors surtout de définition des modalités.

De manière plus originale, il a surtout l'obligation *d'exploiter l'invention* sous brevet, et ce d'autant plus que le prix sera souvent fonction de l'exploitation faite. Les tribunaux sont à cet égard d'une sévérité assez extraordinaire. On les voit ainsi, même en l'absence de stipulations expresses, imposer au licencié une lourde obligation d'exploiter (Cass. com., 2 déc. 1963 : *Grands arrêts de la propriété intellectuelle*, Dalloz, 2003, n° 24, comm. Macrez ; *Ann. propr. ind.* 1964, 128) « à plein, au maximum de ses moyens et facultés » (TGI Paris 5 juillet 1984, *PIBD* 1985, 360, III, 7, *Dossiers Brevets* 1986, I, 6) et juger que l'obligation ne cède qu'en cas de « difficulté insurmontable » (Paris 2 juillet 1981, *Dossiers Brevets* 1982, V, 5; TGI Paris 5 juillet 1984, précité, qui parie même d'une difficulté insurmontable devenue « irréversible »)!

Enfin, comme le donneur de licence, il voit peser sur lui des *obligations diverses,* telles qu'obligations de non-concurrence ou obligations de communication de perfectionnements. En leitmotiv lancinant, nous redirons qu'un examen en termes de droit de la concurrence s'impose. À titre d'illustration, indiquons que le règlement communautaire de 1996 sur les transferts de technologie (déjà évoqué) validait la clause imposant au licencié d'accorder au breveté initial une licence sur les perfectionnements qu'il aurait apportés à la technologie qui lui avait été concédée, mais seulement à des conditions ménageant sa liberté (d'accorder de nouvelles licences) et ses intérêts. Mais la question n'est pas réglée par le nouveau règlement de 2004 et reste donc ouverte.

Section 3
L'apport en société de brevet

L'apport en société de brevet est trop souvent confondu avec la cession (cession à une société évidemment) au prétexte qu'il s'agit, dans l'un et l'autre cas, de transférer un droit à une société. Rien n'est plus faux pourtant. Par l'acte d'apport, le bien apporté – ici un brevet – devient *une composante du capital social* de la société bénéficiaire, que celle-ci soit en formation ou déjà formée. La « rémunération » de l'apport n'est donc pas financière mais consiste en droits sociaux. Qui plus est, l'apport, s'il est usuellement fait en propriété, peut aussi être fait en jouissance; ce qui n'emporte alors aucun transfert de propriété mais a pour seul effet de permettre à la société d'exploiter le bien – le brevet – selon les prévisions de l'acte. Il s'agit bien donc d'une figure tout à fait autonome.

En un sens, il s'agit même davantage de droit des sociétés que de droit des contrats. S'agissant de société en formation, on peut assurément discuter la qualification contractuelle (il s'agirait plutôt d'un acte unilatéral). Mais aussi il est intéressant de noter, et ce quelle que soit la nature de l'apport, que, dans le champ du droit international privé, la désignation de la toi applicable à celui-ci ne se fait pas selon le mécanisme usuel en matière de contrats (élection de la loi par les parties) mais par rattachement à la loi de la société concernée.

Dans l'examen des conditions (I) comme des effets (II) de l'apport en société de brevet, ce seront donc des mécanismes tant de source contractuelle que de source sociétaire qui seront sollicités.

I - Conditions

Comme pour cession et licence, nous négligerons ce qui est parfaitement banal comme par exemple les questions de capacité.

Ici encore, c'est, dans un contexte particulier, l'« objet brevet » qui mérite considération. Comme toujours, ce *brevet* doit effectivement exister. Il est tel, comme on le sait, dès l'instant de la demande, la Cour de cassation a même eu l'occasion de dire qu'un apport pouvait intervenir dès le jour du dépôt (Cass. com. 30 nov. 1981, *PIBD* 1982, 299, III, 73). Symétriquement, un apport peut intervenir jusqu'à expiration du titre. Encore faut-il que le brevet soit valable: un brevet nul ne peut faire l'objet d'un apport en société valide. Comme pour la cession ou la licence, l'annulation du titre emporte annulation de l'opération, mais il faut prendre conscience qu'ici l'effet peut être plus radical encore: en effet, si est annulé un apport indispensable au fonctionnement de la société, c'est aussi la société qui encourt l'annulation !

Un autre point important, s'agissant du brevet apporté, est celui de son évaluation. Il y a des mécanismes sociétaires pour ce faire. Mais il est spécialement difficile d'apprécier quelle peut être l'exacte valeur d'un brevet dont l'exploitation est peut-être tout entière à entreprendre.

Jugé, d'ailleurs, que l'apport d'un brevet qui ne produit pas les résultats escomptés ne peut être tenu pour fictif (T. com. Seine 2 mai 1910, *J. Sociétés* 1911, 227).

II - Effets

Les effets de l'apport en société sont, selon le droit commun des sociétés, ce qui a été dit plus haut: apport du brevet en **propriété** ou en **jouissance** selon les cas, les parties prenantes ayant dû raisonnablement indiquer de quoi il s'agissait mais le juge pouvant avoir à procéder à la qualification si nécessaire et même à déterminer la nature *réelle* de l'apport (de vieux arrêts là-dessus...). L'apport en propriété investit la société de tous les droits sur le brevet et notamment du bénéfice de l'action en contrefaçon. L'apport en jouissance met la société dans une situation analogue à celle d'un licencié et il conviendra de se référer à l'acte d'apport pour connaître exactement ses droits et savoir notamment si son « droit d'exploitation » est, ou non, exclusif.

À la dissolution de la société, le brevet, simplement apporté en jouissance, « revient » intégralement à l'apporteur.

Au-delà, et basculant alors plutôt sur le droit des contrats, on relèvera, pour ce qui est des **obligations des parties**, que les obligations de l'apporteur se déduisent par analogie de celles du cédant (v. section 1) en cas d'apport en propriété et de celles du donneur de licence (v. section 2) en cas d'apport en jouissance. Du côté de la société, bénéficiaire de l'apport, il est certain qu'il n'y a pas d'obligation de payer un prix (du moins au sens courant) puisque la rémunération de l'apporteur se fait en droits sociaux comme il a été dit plus haut. Pour le reste, il conviendra de considérer l'économie de l'opération et de se reporter aux stipulations de l'acte: ainsi, pour déterminer si la société doit ou non exploiter le brevet objet de l'apport, il faudra considérer ce qui a été prévu mais aussi la finalité de l'opération et distinguer par exemple selon que la société a été constituée pour exploiter l'invention ou si celle-ci n'est que quelque chose de marginal dans le projet sociétaire.

Section 4
La convention de non-opposition

Nous dirons quelques mots pour finir d'une convention originale, imaginée par la pratique: la convention de non-opposition, qui trouve un terrain d'élection en matière de marques et de droit d'auteur appliqué aux logiciels mais se rencontre aussi en matière de brevet. « Par cette convention, le titulaire d'un brevet s'engage à ne pas opposer celui-ci à un tiers (bénéficiaire) » (J. Foyer et M. Vivant, *Le droit des brevets*, PUF, 1991, p. 450).

La première question que pose cette convention est celle de sa qualification. On peut, dans un premier mouvement, songer à la rapprocher de la licence. Et en un sens, au sens large du mot « licence » qui est « permission », « autorisation » (v. *supra,* section 2, *in limine*), elle est bien telle. Pourtant, elle n'a rien du contrat de louage, qui est le prototype de la licence (v. *supra, ibid.*), et, toute passive, n'a d'autre fin que de « laisser faire ». Bien plus, la convention de non-opposition peut servir à « gérer l'incertitude ». À l'hypothèse où le titulaire d'un droit est sûr de celui-ci et s'engage à ne pas l'opposer à un tiers, répond celle où le droit n'est pas assuré et où les intéressés préfèrent faire l'économie d'un procès qui permettrait de trancher entre eux. En certains cas mêmes (peut-être davantage, il est vrai, en matière de marques qu'en matière de brevet), la convention sera croisée, chacune des parties pouvant prétendre faire valoir un droit qui est le sien mais craignant aussi la menace que le droit de l'autre peut faire peser sur elle. « Dès lors, la convention de non-opposition est essentiellement une renonciation à agir en justice, indépendamment de toute appréciation portée *a priori* par les parties sur le bien-fondé de leurs droits. Elle prend place, sous cet aspect, dans la catégorie des clauses (des conventions) de différend » (M. Vivant, note citée en bibliographie, *infra*).

Conditions (I) et effets (II) de ladite convention ne sont donc guère semblables aux conditions et effets des actes déjà rencontrés.

I - Conditions

La convention de non-opposition doit répondre aux exigences usuelles posées en matière de contrat : capacité, objet, cause…

Ce que nous avons dit (ci-dessus) de la particularité de son objet conduit, toutefois, à ne pas s'attacher spécialement à l'existence et aux qualités du brevet en cause. Sans doute, en raison, il ne peut y avoir une convention de non-opposition de brevet que si brevet il y a ! Mais, normalement, l'annulation du brevet visé au contrat ne saurait ici avoir grande incidence, puisque cela signifierait simplement que le brevet que son titulaire s'engageait à ne pas faire valoir ne pourra toujours pas être mis en avant… faute d'exister ! Il en irait toutefois autrement si, par exemple, la non-opposition avait été conçue avec une contrepartie, telle qu'un prix, mais cela ne semble pas être la règle.

La question se poserait bien plus de la licéité d'une pareille convention qui, manifestement, « organise », d'une certaine manière, la concurrence entre entreprises. On notera qu'en matière de marques, la Cour de justice des Communautés en a cependant admis la validité (CJCE 25 février 1986, aff. 193/83, *Rec.* 611, *DS* 1987, som. 131, obs. Mousseron et Schmidt, *JCP E* 1990, II, 15712, obs. Bonet, Blaise et Hermitte).

II - Effets

Les effets de la convention de non-opposition sont originaux et ce sont eux qui font la particularité de cette construction. Il faut, toutefois, avoir conscience que nous sommes au royaume de la liberté contractuelle et que la convention peut être très différemment « dessinée » selon les souhaits des parties.

Du côté du **breveté**, les obligations se ramènent à ce pourquoi la convention est conclue: le breveté s'engage à ne pas opposer son titre au bénéficiaire, c'est-à-dire concrètement à ne pas poursuivre celui-ci en contrefaçon dans la limite du « laisser-faire » reconnu. Ce qui veut dire, d'ailleurs, qu'on peut fort bien concevoir une convention à effet limité, pour tel type d'exploitation par exemple.

Mais normalement le breveté ne voit peser sur lui *aucune autre obligation* et en particulier aucune obligation de garantie comme cela existe au cas de licence.

Du côté du **bénéficiaire**, l'effet de la convention est encore plus ténu, puisque le licencié peut n'être tenu à *rien*. En particulier, à l'occasion d'une des rares affaires ayant eu pour objet un tel accord, il fut jugé que le bénéficiaire n'avait aucune obligation d'exploitation du brevet qu'il avait obtenu de ne pas se voir opposer (Cass. com. 5 janvier 1983, *JCP* 1984, II, 20182 et *éd. E*, II, 14261, note Vivant, *Dossiers Brevets* 1983, I, 5). Mais on peut imaginer divers aménagements contractuels: par exemple paiement d'un prix qui serait le prix même de la non-opposition (comme il a été dit plus haut) ou au cas où le bénéficiaire entreprendrait effectivement l'exploitation du brevet couvert par la convention.

Celle-ci est bien le domaine de la liberté et de l'imagination.

Lire aussi

- Burst J.-J., *Breveté et licencié,* Litec, CEIPI, 1970;
  « Effets du contrat de licence, Fin du contrat de licence »,
  J.-Cl. Brevets, fasc. 491, 1990
- Lestrade O., « Cession de brevet », *J.-Cl. Brevets,* fasc. 4730, 1996
- Macrez F., « Contrats sur brevets – Licence: une construction prétorienne », *Grands arrêts de la propriété intellectuelle*, Dalloz, 2003, n° 24
- Reinhard Y., « L'apport en société de droits de propriété industrielle », *Mélanges Chavanne*, Litec, 1990, p. 297;
  « Les limites de l'autonomie de la volonté dans les contrats relatifs aux brevets d'invention », *Mélanges Burst*, Litec, 1997, p. 561
- Reboul Y., « Licence de brevets. Formation du contrat », *J.-Cl. Brevets,* fasc. 47400, 2002;
- Sabatier M., « Apport en société », *J.-Cl. Brevets,* fasc. 500, 1984
- Vivant M., Note sous Cass. com. 5 janvier 1983, *JCP* 1984, II, 20182 et éd. E, II, 14261 (sur la convention de non-opposition)

Index alphabétique

E

G

H

I

L

O

P

R

S

T

U

Table des matières

Conception graphique : Atelier 33
6, rue Béranger
92240 Malakoff

PHOTOCOMPOSITION : SARL SAINT-CYR COMPO - CAHORS (LOT)

IMPRESSION, BROCHAGE
IMPRIMERIE CHIRAT
42540 ST-JUST-LA-PENDUE
FÉVRIER 2005
DÉPÔT LÉGAL 2005 N° 4587

705985 (1) OSB-SE 80g CYR

IMPRIMÉ EN FRANCE